Dieter Urban

GESTALTUNG VON SIGNETS

Bruckmann

Herausgegeben in Zusammenarbeit mit

novum
gebrauchsgraphik

Internationale Monatszeitschrift für
Kommunikationsdesign

CIP-Titelaufnahme der Deutschen Bibliothek

Urban, Dieter:
Gestaltung von Signets / Dieter Urban. [Hrsg. in
Zusammenarbeit mit Novum Gebrauchsgraphik, Internat.
Monatszeitschr. für Kommunikationsdesign]. – München:
Bruckmann, 1991
(Novum Praxis)
ISBN 3-7654-2389-0

Herstellung: Bruckmann München
Printed in Germany
ISBN 3-7654-2389-0

Inhalt

Einleitung

Was versteht man unter
dem Begriff »Zeichen«?

Welche Arten
von Zeichen gibt es?

Warum werden Signets gebraucht?

Terminliche und finanzielle Beschränkungen sind es nicht allein, wenn z. B. der Inhaber eines Feinkostgeschäfts oder der Uhrmachermeister persönlich seine Angebote »appetitlich« an die Eingangstafel schreibt bzw. seine Auslagenpreise im Schaufenster »fast wie ein Profi« selbst beschriftet: Er möchte sich mit seinem Ladengeschäft auch auf diese Weise identifizieren. Sollte er dabei irgendeinem Dekorateur Konkurrenz bieten, schmälert dies nicht sein Erlebnis, wenn er so Spaß mit Mühe erfolgreich verbindet.

Das gleiche gilt auch für den Kleinunternehmer, den freien Versicherungsagenten beispielsweise – oder einfach für jeden, der ein Zeichen für seinen Briefbogen braucht oder aus irgendwelchen Gründen ein T-Shirt bedrucken oder einen Sticker im Do-it-yourself-Verfahren entwerfen möchte. Für diese engagierten Laien, denen ich – auch als Fachmann – nie meine Achtung versagen würde, ist jedoch unabdingbar, daß sie sich vor allem auf einem Gebiet, welches handwerkliche mit schöpferischer Arbeit kombiniert, da informieren und dort trainieren, wo qualifizierte Hilfe und Anleitung gegeben ist; nicht zuletzt deshalb, weil ja **alle** Möglichkeiten berücksichtigt werden sollen, die zu einem zufriedenstellenden Ergebnis führen können.

Was versteht man unter dem Begriff »Zeichen«?

Im Sinne von Symbolen sind es Kult-Zeichen, welche in repräsentativer Gestalt eine Vielheit von übersinnlichen Bedeutungen auf eine Einheit reduzieren.

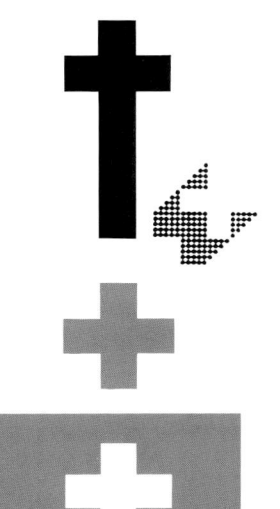

So ist das christliche Zeichen des **Kreuzes** ein Sinn-Bild für den (Opfer-)Tod, aber auch für das Christentum überhaupt. Daraus haben sich dann Kreuz-Symbole gebildet:

– Rot auf weißem Grund für »Rotes Kreuz« als Erste-Hilfe-Organisation, aber auch für »Medizinische Klinik« schwarzweiß verwendbar.

– Weiß auf rotem Grund für die »Schweiz« als Nation(alflagge), aber auch schwarzweiß z. B. für die »Schweizerische Kreditanstalt« in abgewandelter Form.

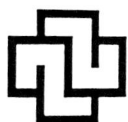

Der **Davidstern** symbolisiert das Judentum weltweit sechszackig in Form zweier übereinandergelegter linearer gleichseitiger Dreiecke.

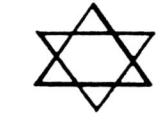

Weitere Sterne sind

– der Fünfzack mit zwei Spitzen nach unten, welcher in den amerikanischen »stars and stripes« blau erscheint, sowie

– der Fünfzack mit zwei Spitzen nach oben, welcher als »roter Sowjetstern« bekanntgeworden ist.

Die fünf **olympischen Ringe** symbolisieren die fünf Erdteile, welche sich alle vier Jahre zur Olympiade verbinden.

– Vier sich waagrecht überschneidende Ringe ergaben das (Firmen-)Zeichen für »Auto Union« (heute »Audi«).

– Drei sich waagrecht überschneidende Ringe, welche zudem noch im Wasser zu schwimmen scheinen, versinnbildlichen die »Mittelmeerspiele« im jugoslawischen Split.

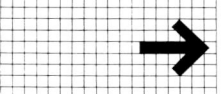   

Der **Richtungspfeil** ist das (vereinbarte, gelernte) Symbol für die Wege-Leitung: rechts, links, geradeaus, eine Treppe tiefer oder höher.

– Als Schutzmarke in Form einer Poseidon-/Neptun-Gabel für »Marine industries« oder

– als Signet der »British Railways« erlangte die Pfeil-Form ausgeprägten Zeichen-Charakter.

Im Sinne von Marken haben Zeichen häufig mehrere Funktionen nebeneinander: Sie sollen die Leistung eines Herstellers oder Dienstleisters nicht nur kennzeichnend schützen und somit unverwechselbar gegen die Mitbewerber abgrenzen, sondern auch neben der reinen Information »gleichbleibende Qualität« garantieren.

Welche Arten von Zeichen gibt es?

Kategorisch unterscheidet man folgende Formen:

— Die **Buchstabenmarke**, bestehend aus einem oder mehreren (Anfangs-)Buchstaben z. B. für »Kastinger«-Sportschuhe, »VW« oder »RCA«-Schallplatten.

— Die **Wortmarke** (engl. »logo«), auch als Schriftzug bezeichnet, wie z. B. »Tirol« oder »Dunhill«.

— Die **Bildmarke**, welche als zeichenhaft-abstrahierte Darstellung gilt. Beispiele: »Hand« (Spiegel-Verlag), »Bär« (World Wildlife Fund), »Sechsfüßiger Hund« (Agip) oder »Eule« (Ullstein-Verlag).

— Die **kombinierte Wort-/Bildmarke** wie z. B. für die »Steigenberger«-Hotelkette. Über dem Schriftzug befindet sich ein stilisiertes (Vogel-)Nest.

Zeichen im Sinne von Signets waren ursprünglich sogenannte Drucker- und Verlegerzeichen. Der Drucker bzw. Verleger kennzeichnete damit am Ende des Buches – später auch auf dessen Titel – sein Qualitätsprodukt.

Heute deckt der Begriff »Signet« alle Zeichen ab, welche für einen meinungsbildend-werblichen Inhalt stehen. Daß die Gestaltung des Signets auch immer dem jeweiligen Zeitgeist entsprach, kann aus nebenstehendem Beispiel entnommen werden. Das Signet (lat. »signum« = eingeschnittzte Marke) zählt zu den klarsten Werbeaussagen, die wir kennen. In ihm verdichtet sich das Firmengesicht, in ihm ist der Firmenauftritt auf ein einfaches Symbol zurückgeführt. Das Signet als Markenzeichen erfüllt zugleich die Aufgabe eines »Wahrzeichens« – als »Auszeichnung« für die Qualität, die es vertritt, wie bereits schon erwähnt.

Warum werden Signets gebraucht?
Ihr Bild ist so vielgestaltig wie ihr Ausdruck. Kennzeichnend für ihre Machart ist, daß das Bezeichnete – bei Herstellern die Ware, bei Dienstleistungen die Funktion, bei beiden beispielsweise der Name – abstrahiert, d. h. formal vereinfacht wird. Das Signet selbst wird vom Betrachter bzw. Benutzer (bewußt oder unbewußt) mit der sprachlichen Bezeichnung in Verbindung gebracht und auf solche Weise gespeichert. Dieser Tatsache verdanken die Signets einen ihrer wesentlichen Vorteile: Sie brauchen in den meisten Fällen nichts mit Worten beschreiben, selten sogar überhaupt keine Zusatzinformation. Dadurch sind sie auch international verständlich geworden.

1865

1900

1910

1915

1922

1954

1972

Entwicklung des Bruckmann-Signets von 1865 bis 1972

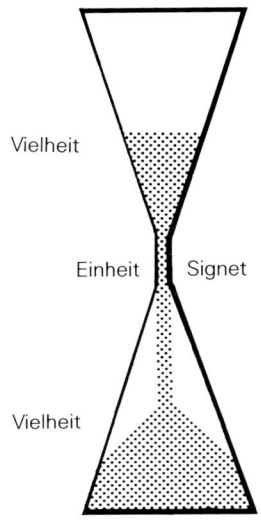

Vielheit

Einheit Signet

Vielheit

Ein Signet ließe sich sehr gut mit einer Sanduhr in Form des Buchstabens X vergleichen: Im trichterförmigen oberen Teil liegen Millionen Körnchen stellvertretend für verschiedene Inhalte, Informationen, Daten des Unternehmens – seine Geschichte, seine Leistung, seine Kultur. Im dachförmigen unteren Teil liegen noch dieselben (durchgerieselten) Körnchen. Die engste Stelle in der Mitte – der Schacht, quasi das Nadelöhr –, die verkörpert das Signet. Inhaltliche Vielheit wird an dieser Stelle zur formalen Einheit und anschließend wieder zur (ausdrucksfähigen) Vielheit. Anders ausgedrückt: Der Gestalter muß eine bzw. mehrere Bedeutungen in seinem Signet verschlüsseln. Nur wenn er dieses Problem bewältigt, ist auch der Betrachter in der Lage, das Signet zu entschlüsseln und damit zu verstehen. Nicht zu vergessen: Viele Bedeutungen sind von abstrakter Natur! Erst durch ihre formale Darstellung können sie konkret und damit sichtbar gemacht werden.

Kapitel eins

Das Problem

Was soll ein Signet
vermitteln?

Mit dem Begriff Signet meine ich den Sachverhalt, daß etwas stellvertretend für etwas anderes steht. Damit ein Signet überhaupt ent-stehen kann, müssen folgende Grundlagen geschaffen sein: Das Signet muß sich auf etwas beziehen – z. B. auf einen Gegenstand, eine Leistung oder einen Namen –, und es muß deshalb eine bestimmte Form haben, z. B. das Aussehen eines Baumes oder die Lautfolge eines Wortes. Letztere muß innerhalb einer Gruppe, z. B. Alphabeten (nicht Analphabeten), gelernt und vereinbart sein: »Baum« bezeichnet den Gegenstand Baum, nicht etwas anderes. In der Folge muß das Signet beim Betrachter oder Benutzer eine bestimmte Reaktion auslösen: Er muß es – wie gesagt – wahrnehmen, verstehen und entsprechend denken bzw. handeln.

Von der Gestaltung eines Signets hängt es ganz ausschlaggebend ab, ob sich dieses als prägnantes Symbol im Gedächtnis der Angesprochenen überhaupt speichern läßt. Da es zwischen Signet-Form und Bedeutungs-Inhalt einen Wechselbezug gibt, wird man z. B. »Qualität« beim Anblick eines Signets mit diesem nur dann in Verbindung bringen, wenn auch die Leistung des Unternehmens, das es vertritt, Qualität ausstrahlt.

So kann beispielsweise jeder den Mercedes-Stern aus dem Gedächtnis abrufend aufmalen. Dieses Markenzeichen wurde aus dem Ab-Bild eines Lenkrades entwickelt. Es ist optisch sehr prägnant und damit einprägsam. Und doch weckt es zunächst keinerlei konkrete Wertvorstellungen. Erst durch die Identifikation mit dem Produkt, welches dahintersteht, verbinden wir mit diesem Sinn-Bild Qualität.

Weil sich ein Signet ja immer auf etwas Bestimmtes beziehen muß, ist es von entscheidendem Belang, daß keine Fehldeutungen zustande kommen.

Die Abhängigkeit eines Zeichens vom Sinnzusammenhang finden wir in der Signet-Gestaltung ebenso wie in der Wort-Sprache: Beispielsweise kann das, der oder die »Band« einmal »Banderole«, ein andermal »Buch«, ein weiteres Mal »Musikergruppe« bedeuten.
Das Zeichen für »Herrentoilette« versinnbildlicht in einer ähnlichen Darstellung darunter »Soziale Hilfsorganisation« (nicht etwa »Kindertoilette«), in einer weiteren darunter »Unfallverhütung«, in einer dritten darunter ein »Schlankheitsmittel«. Verwechslungen seitens der Angesprochenen wären nicht nur unwirksam bezüglich der Zeichen-Funktion, sondern auch schädlich im Sinne der Verständigung.
Fazit: Weil ein Signet vor allem die Aufgabe hat, die Interessen eines Produktions- bzw. Dienstleistungsunternehmens zu vertreten, muß es dafür bestimmte Bedingungen erfüllen: Es muß
— wirksam und deshalb verständlich sein. Die Effizienz einer Bild-, Wort- oder Buchstabenmarke ergibt sich aus dem Blickfang, aus der Wahrnehmung und Speicherung beim (potentiellen) Interessenten.
— den Kontakt zum Gebraucher herstellen — deshalb darf es, wie gesagt, nicht zu Mißverständnissen kommen!
— einen appellierenden Faktor enthalten, d. h. eine Information vermitteln, eine Aussage darstellen.
Handelt es sich um ein verkaufsförderndes Signet, darf überdies die notwendige psychologische Anmutung nicht fehlen, zumindest nicht zu kurz kommen: Solche Signets sind dann originell und einprägsam.

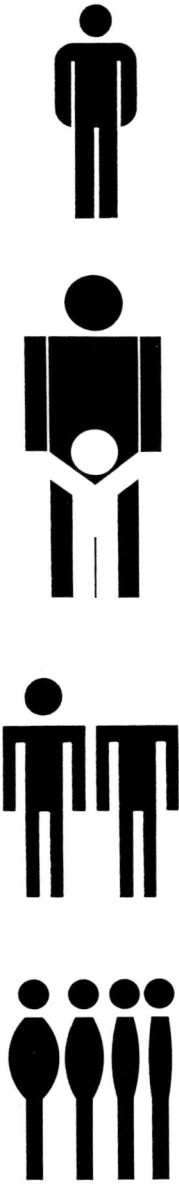

Kapitel zwei

Die Richtung

Welches

grafische Material

steht zur Verfügung?

»Auf den Punkt kommt es an.« Diese Devise gilt auch und nicht zuletzt in der (Zeichen-)Kommunikation, in der Verständigung der Menschen untereinander. Ob als Zeichen
– am Ende eines Satzes,
– auf dem i als Tüpfelchen,
– im »Mondgesicht« als Auge(n),
– für die Lage eines Ortes auf der Landkarte oder
– Teil eines Piktogramms,

es steht immer in einem Zusammenhang mit anderen Zeichen oder grafischen Darstellungen und hat deshalb auch immer eine verschiedenartige Funktion.
Punkte, Linien und eine Fläche bilden das »grafische Material« z. B. für die Darstellung eines (»Punkt-Punkt-Komma-Strich«-)Gesichts. Getrennt voneinander angeordnet, verlieren sie jedoch wieder ihre Bedeutung.
Größe bzw. Stärke und Anordnung von Punkt und/oder Linie und Fläche (voll oder umrandet) bestimmen
– Blickfang,
– Bedeutung,
– Originalität und
– Formqualität eines Signets.

Folgende Beispiele mögen dies veranschaulichen:

Signets für

einen Turnverein

eine Gartenbau-Ausstellung

U.S. National Park Service

eine Sicherheitskampagne

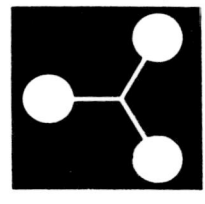

einen Bücherdienst

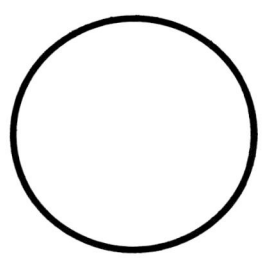

Die geometrischen Formen bieten uns grafisches Material in Hülle und Fülle: Da ist zuerst einmal die Form des

Kreises,

welcher die Umrandung des Punktes darstellt. Mit dieser abstrakten Grundfigur werden so konkrete Dinge wie
– Sonne, Mond, Rad, Loch, Deckel, Röhre, Kugel, Pupille, Ring, Münze,
– Ball, Ballon, Knopf, Uhr, Zentrum,
– Schallplatte, Schirm von oben,
– Scheibe, Teller, Torte, Melone, Apfelsine, Seifenblase, Fettauge
in Verbindung gebracht. Wenn wir in dieser zweidimensionalen Form etwas Dreidimensionales zu erkennen meinen, genügt ein Hell/Dunkel-Verlauf oder ein Lichtreflex.

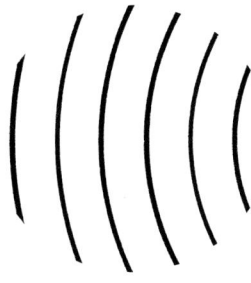

Besteht ihr (randloses) Inneres aus gewölbten Linien, assoziieren wir
– Schall, Echo, Schwingungen oder
– Bahnen in einem Leichtathletik-Stadion.
Erscheint die Kreis-Form in waagrechten Linien, welche zu denen eines Quadrates versetzt sind, denken wir an
– Sonnenaufgang bzw. -untergang, Nebel oder

– Spiegelung im Wasser, Jalousie oder an ein »lautsprecherähnliches Gebilde«.
Kreisförmige Segmente – konzentrisch angeordnet – symbolisieren eine
– Propeller-Bewegung oder Wasserringe.
Wird diese Form noch verstärkt, werden wir an

– Sog, Strudel, Zentrifuge,
– Wirbel oder gar Hurrikan erinnert.
Der »unsaubere« Punkt bzw. Ring signalisiert uns
– Klecks,
– Brandfleck,
– Abdruck einer Kaffeetasse.

Die Kreis-Form hat in den folgenden Beispielen unterschiedliche
Funktionen zu erfüllen:

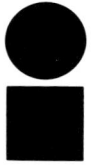

Imaginetics,
Inc. (USA)

Olympia
Büromaschinen

Odermatt + Tissi, Grafiker

W. Oertli AG
Ölhersteller (SWI)

Otsuka Pharmaceutical
Group Osaka (JPN)

Okada & Co (JPN)

Feldmühle
Papierfabrik

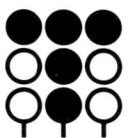

Gartenbaubetrieb

Europäisch-lateinameri-
kanische Zusammenarbeit

Grafisches
Atelier

Druckerei

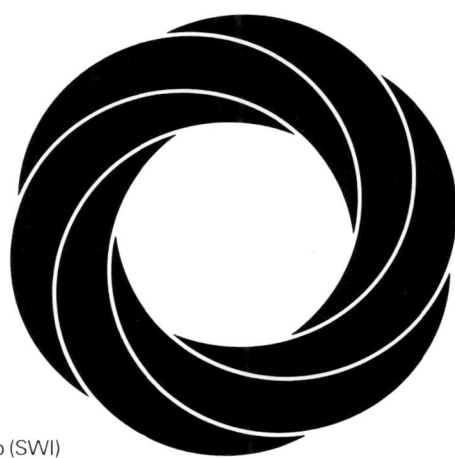

Design-Wettbewerb (SWI)

Die Bedeutung des Kreises für die Zeichenfindung läßt sich formal und inhaltlich wie folgt zusammenfassen:
Er ist der geometrische Ort aller Punkte einer Ebene, welche vom Zentrum die gleiche Entfernung aufweisen – der Radius. Der Durchmesser hat demnach immer die doppelte Länge vom Radius. Die Gesamtheit aller Punkte des Kreises wird als Kreis-Linie bezeichnet. Von der Kreis-Linie wird die Kreis-Fläche begrenzt. Durchschneidet eine Gerade den Kreis (Sekante) und teilt ihn in zwei Teile, wird die Kreis-Linie zu zwei Kreis-Bögen, die Kreis-Fläche zu zwei Kreis-Abschnitten (Segmenten). Den Teil der Geraden innerhalb des Kreises nennt man Sehne. Der Durchmesser zerlegt den Kreis in zwei **Halbkreise**. Eine Gerade, welche mit dem Kreis einen Punkt gemeinsam hat (Berührungspunkt), bezeichnen wir als Tangente. Der Winkel, welcher von zwei Radien gebildet wird, heißt in der Geometrie Zentriwinkel. Mißt dieser Winkel z. B. 90 Grad, entsteht ein **Viertelkreis** (Sektor). Werden nun drei beliebige Punkte auf der Kreis-Linie miteinander verbunden, entsteht immer ein Dreieck, dessen drei Winkel zusammen 180 Grad ergeben. Wenn diese Punkte den gleichen Abstand zueinander aufweisen, sprechen wir von einem **gleichseitigen Dreieck** mit Winkeln von je 60 Grad. Wenn vier gleichmäßig entfernte Punkte auf einer Kreis-Linie miteinander verbunden werden, ergibt sich ein **Quadrat** mit vier rechten Winkeln, welche zusammen 360 Grad ergeben; sechs Punkte verbinden sich zu einem **Sechseck**, acht Punkte zu einem **Achteck**. Auf diese Formen wird im Anschluß noch detaillierter eingegangen. Der Kreis ist also die zentrale geometrische Figur, aus der sich alle weiteren Grundformen des grafischen Materials ergeben. Tip: Der Radius eines Kreises ist immer identisch mit den Abmessungen eines Sechsecks; verbindet man drei dieser Ecken miteinander, erhält man ein gleichseitiges Dreieck. Das Quadrat bzw. das Achteck ergibt sich aus der rechtwinkligen Viertelung bzw. Achtelung des Kreises.
Religionsgeschichtlich, mystisch und magisch wird der Kreis unterschiedlich gedeutet. Als altägyptische Hieroglyphe ist er das Sinnbild der Sonne, ferner Symbol der Endlosigkeit; in der Seelenwanderungslehre ist vom »Kreislauf der Wiedergeburten« die Rede. Wegen seiner völligen Geschlossenheit wird der Kreis auch als eine Macht verstanden, welche vor Feinden und Schädlingen »von außen« schützen kann. Dieser Deutung liegt z. B. die kreisförmige Struktur von Städten zugrunde (Wien und Köln mit ihren Ringstraßen, die ehemals freie Reichsstadt Nördlingen in Süddeutschland). Auf dem Kreis basiert auch die Funktion des »Magischen Zirkels«. Als souveränes Zentrum geht vom Kreis Stärke und Sicherheit auf die ihn »Umwandelnden« über. Die weit verbreitete Einrichtung des »Rundganges« z. B. um Buddhastatuen oder der Prozession der Pilger um die Kaaba in Mekka ist ein Zeugnis für die geheimnisvolle Kraft des Kreises. Als (Ehe-)Ring ist der Kreis ein Treue-Symbol.
Der zentrierte Kreis begegnet uns als eines der ältesten chinesischen Wortsymbole und stellt in abstrahierter Form den »leuchtenden

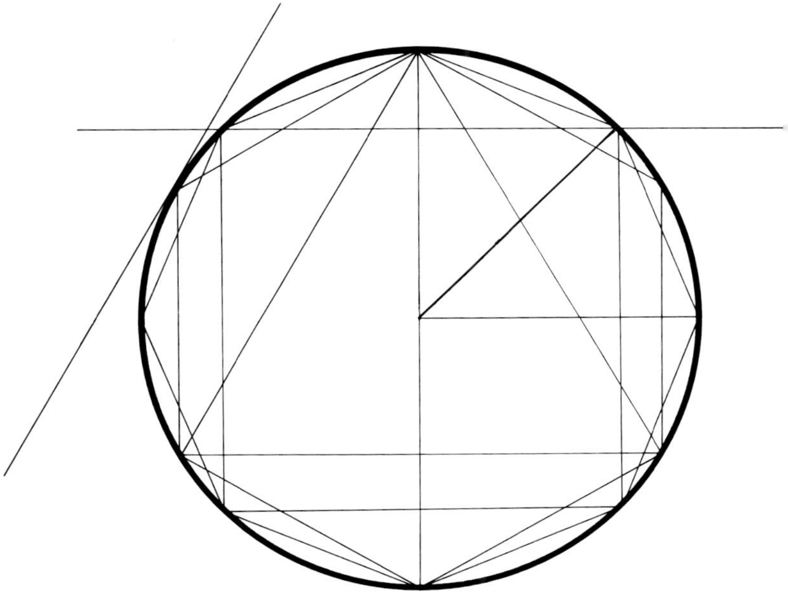

Himmelskörper« dar; das chinesische Schriftzeichen bedeutet »Helligkeit«. Als alchemistisches Zeichen steht der Kreis für Gold, als
chemikalisches (in Verbindung mit einem Kreuz) für Messing. In der
Botanik bedeutet der zentrierte Kreis »einjährige Pflanze«. Als
stilisiertes Rad symbolisiert der Kreis Dynamik und Mobilität. Als
Verkehrszeichen (Rot auf weißem Grund) steht er für »Verbote«
unterschiedlicher Art.

Hier möchte ich noch kurz auf die drei untenstehenden Abbildungen
eingehen: Das Zeichen links – Reisebüro (GBR) – erinnert an das (sich
allerdings entgegengesetzt drehende) Sonnenrad, ein uraltes Symbol
des Lebens. Das Zeichen in der Mitte drückt »Ausstrahlung, Helligkeit
und Heiterkeit« aus. Der Strahlen-Kreis unten rechts – Beleuchtungs-
anlagen (USA) – nimmt diese Anmutung zur Darstellung seines Inhalts
auf.

Wer an irgendeiner Stelle auf einer Geraden seinen Zirkel einsticht und einen Kreis zieht, bekommt einen exakten

Halbkreis

mit der Begrenzung an den beiden Stellen, wo der Kreis die Gerade schneidet. Die vollflächige (schwarze) Form bietet uns wieder assoziatives Material, welches für die Signet-Gestaltung jederzeit eingesetzt werden kann.

Der Halbkreis mit der Rundung nach oben unterscheidet sich dabei prinzipiell von dem mit der Rundung nach unten. Wir verbinden mit der **Tunnel-Form**
– Pilz-Hut, Schirm, Schutz, Zelt oder
– auf- bzw. untergehende Sonne.
Bei der Linien-Modifikation haben wir den Eindruck von
– Reise, Urlaub in südliche (wärmere) Länder.

Der Halbkreis-Ausschnitt durchschneidet z. B. Punkte so, daß wir an eine (Makro-)Vergrößerung denken müssen – etwa eines Stoffmusters – oder an einen Ball, bei dem die Punkte in der Rundung »verschwinden«.
Auf dem Halbkreis aufgebaut ist auch das Signet der Commerzbank – unten links – sowie dessen Modifikation (Studienprojekt der FH Mainz) – unten rechts:

Die **Schüssel-Form**, also die Rundung nach unten, erinnert uns an
– Wiegemesser, Löschpapier-Rolle, Fruchtschnitz, Nußschale, Boot ohne Kiel von vorn oder hinten,
– Waagschale, Mulde, Rinne, Rille.

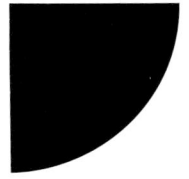

Wenn der Zentriwinkel in einem Kreis 90 Grad aufweist, entsteht – wie bereits gesagt – ein

Viertelkreis,

dessen Form an
– Teil eines Ganzen, Kuchen- oder Käse-Viertel
denken läßt.
Die beiden Beispiele aus der Praxis zeigen den Viertelkreis als Form, welche zusammen mit zwei Drei-ecken die Buchstaben K und D erkennen läßt (Design-Studio [JPN]) sowie den Teil eines stilisierten Globus, nach außen geschwenkt (Mailänder Messe).

Gemäß dem Tip auf Seite 22 erhält man ein

Dreieck,

dessen Spitze entweder nach oben oder nach unten weist. Mit der **A-Form** ergeben sich folgende Assozia-tionen:
– Berg, Dach, Zelt, Pyramide, Tanne,
– Verkehrszeichen (roter Rand auf weißem Grund) in leicht abgerunde-ter Form für »Gefahrenstelle«,
– Winkel für geometrisches Zeich-nen.

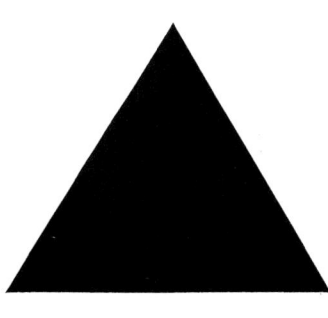

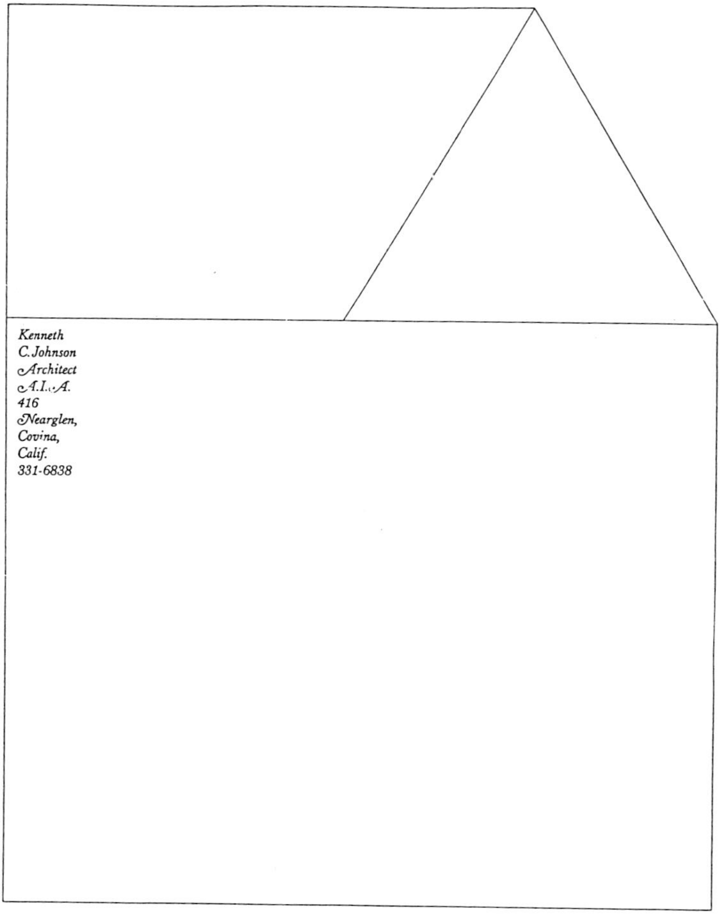

*Kenneth
C. Johnson
Architect
A.I.A.
416
Nearglen,
Covina,
Calif.
331-6838*

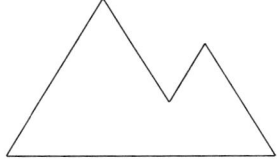

```
      P
     Pyr
   Pyram      P
  Pyramid    Pyr
 PyramidenPyram
 PyramidenPyramid
PyramidenPyramiden
```

Zum Thema »Dach« habe ich eine aparte Signet-Lösung gefunden: Ein amerikanischer Architekt schmückte mit einem gleichseitigen Dreieck – Spitze nach oben –, drei Waagrechten und zwei Senkrechten seinen Geschäftsbriefbogen. – Noch eine Anregung: Pyramiden lassen sich
– durch Dreiecke stilisieren oder
– durch Buchstaben des Wortes
  »Pyramiden« in Form von Dreiecken darstellen.
Nachfolgend einige Signets aus der Praxis, in denen das A-förmige Dreieck eine entscheidende Rolle spielt:

Helvetia Feuerversicherung
St. Gallen (SWI)

Pharma-Unternehmen

Erschließungs-
gesellschaft
(USA)

Baufirma
(JPN)

Dieses Dreieck erinnert an ein symmetrisch rechtwinkliges, welches sich sowohl senkrecht als auch diagonal deckungsgleich halbieren läßt.

Die V-Form des Dreiecks vermittelt uns den Eindruck von
– Aggression, Gefahr, Mahnung bzw.
– »Vorfahrt beachten« (roter Rand auf weißem Grund) mit abgerundeten Ecken als Verkehrszeichen.
Senkrecht gestreift erinnert es an
– Modeschmuck,
bleibt aber noch objektiv, während es mit Stern und/oder dem Wort »Orden« schon subjektiv auf eine
– Auszeichnung
hinweist.

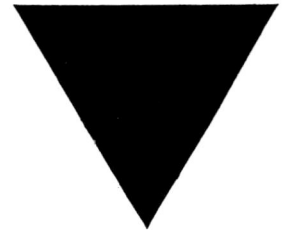

Geometrisch und symbolisch kann die Bedeutung der Dreiecksform folgendermaßen zusammengefaßt werden:
Im Gegensatz zum Kreis – welcher, außer der Größe, immer die gleiche runde Form aufweist – gibt es unzählig vielfältige Dreiecke, die jedoch alle mittels des Kreises konstruiert werden können: Auf der Umrißlinie werden wenigstens drei verschiedene Punkte markiert und mit drei Strecken verbunden. Wenn einer dieser drei Punkte in einem Halbkreis liegt und mit den beiden Enden des Durchmessers verbunden ist, sprechen wir vom »Halbkreis des Thales« – diese Dreiecke sind ausnahmslos rechtwinklig, nämlich an jener dem Durchmesser entgegengesetzten Stelle. Hierbei haben die Quadrate, welche aus den beiden kleineren Strecken gebildet werden, zusammen den gleichen Flächeninhalt wie das Quadrat, das sich aus der größten Strecke ergibt (Satz des Pythagoras: $a^2 + b^2 = c^2$).

Als eines der komplexesten Sinnbilder stellt das Dreieck die »Dynamik des Lebens« dar. Ursprünglich war es ein Symbol der weiblichen, in der griechischen Antike auch der männlichen Scham. Das Dreieck wurde aber ebenso als »Abwehrmittel« gegen böse Geister angesehen und entwik-

kelte sich deshalb auch zum Licht-
symbol weiter.

Im Zionismus wurde das Dreieck zum
Zeichen Jahwes (Licht und Leben).
Weil es eine dem Herzen ähnliche
Form besitzt, ist es dem Gestalter
möglich gewesen, das mit der Spitze
nach unten weisende Dreieck im
Davidstern mit dem Liebessymbol
auszutauschen (Jüdisches Sozial- und
Wohlfahrtsinstitut).
Im Christentum wurde das Dreieck
Symbol der Dreifaltigkeit. Es versinn-
bildlicht Glaube und Gerechtigkeit.

Wenn sich vier rechte Winkel zur 360-
Grad-(Kreis-)Form zusammenschlie-
ßen, entsteht das

Quadrat,

auch gleichseitiges Rechteck genannt. Im Gegensatz zur Kreisform
(Dynamik, »rollende« Bewegung) verbinden wir mit ihm
– Statik, Stabilität, (konstruktive) Sta-
  pelbarkeit, Baumaterial, Bauklötz-
  chen.
Bei der Umrißform werden wir an
– Formatbegrenzung, (Bilder-)Rah-
  men, Kamera-Sucher, Dia-
  Rähmchen
erinnert.

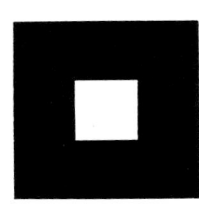

Das Quadrat läßt sich folgendermaßen aufteilen:

Das Quadrat läßt sich um 90 Grad drehen und vom Umriß bis zur Fläche modifizieren:

Wiederum zusammengefaßt ist zu sagen: Das Quadrat ist ein »ebenes Viereck mit gleich langen Seiten und gleich großen rechtwinkligen Ecken«. Die Diagonalen eines Quadrats sind stets gleich lang und halbieren sich senkrecht genau in der Mitte. Das Quadrat ist wie Kreis, Dreieck, Sechseck und Achteck eine zweidimensionale Form. Der Würfel ist somit das Quadrat in der dritten Dimension.

In den folgenden Beispielen aus der Praxis ist das Quadrat bei der Konzeption berücksichtigt worden:

Arbeitsgemeinschaft der
Industrie- und Handels-
kammern

Einrichtungs-
hersteller
für Wohnhäuser
(ČSFR)

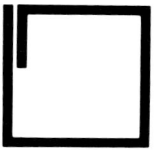

Schachtel-
hersteller
(SWI)

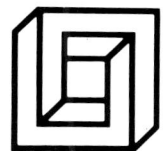

Filmgesellschaft (USA)

Packpapier-
hersteller
(JPN)

Blechherstel-
lung (ITA)

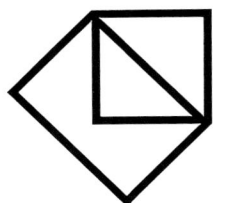

Creative
Studio
(JPN)

Design
Studio
(JPN)

Kulturzentrum
(ITA)

Land-
vermesser
(JPN)

Bei diesen Signets ist auf die Form des dreidimensionalen Quadrats bzw. des Würfels zurückgegriffen worden:

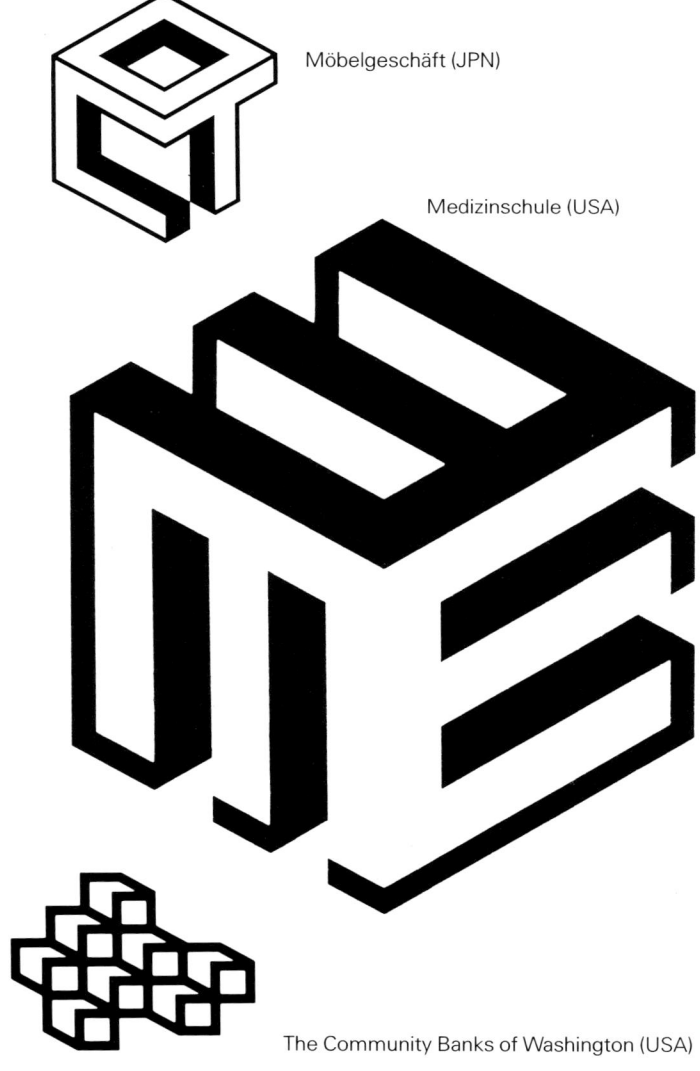

Möbelgeschäft (JPN)

Medizinschule (USA)

The Community Banks of Washington (USA)

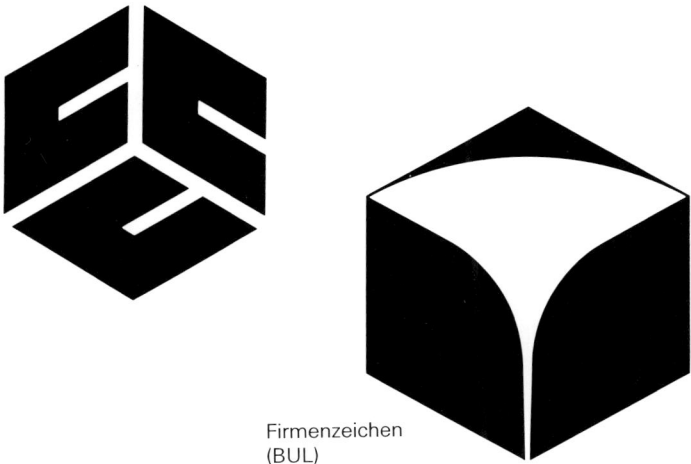

Firmenzeichen
(BUL)

Handelsbank (ARG)

Computersoftware-Firma (JPN)

Mit dem Signet des französischen
Automobilkonzerns Renault nähern
wir uns der

Raute.

Mit der Raute verknüpfen wir die folgenden Sinngehalte:
- Kartenfarbe »Karo«, Kaffee »Caro« (leicht gewölbt), Agfa-Foto in Verbindung mit **Rot**,
- Verkehrszeichen »Hauptstraße« (leicht abgerundeter Rand), Gefahrengut (mit roter Flamme) in Verbindung mit **Gelb**,
- Freistaat Bayern, Aral-Tankstelle, UNESCO-Denkmalschutz in Verbindung mit **Blau**,
- Brasilien in Verbindung mit **Gelb** auf **Grün**,
- Militärische Rangabzeichen in Verbindung mit **Metallsilber**.

Die Raute – auch Rhombus oder Parallelogramm genannt – ist im Gegensatz zu Kreis, Dreieck und Quadrat von unbekannter geschichtlicher Herkunft. In halbiertem Zustand entstehen immer zwei gleich große Dreiecke. Die Raute mit vier gleichen Seiten ist stets ein auf die Spitze gestelltes Quadrat und vermittelt den Charakter von
- heiterer Leichtigkeit, der Ausgewogenheit einer Kompaßnadel, stabillabiler Ambivalenz.

Auch hier wieder einige Beispiele aus der Praxis:

Papiergeschäft (JPN)

Hersteller von Stahlträgern für Fertighäuser (CAN)

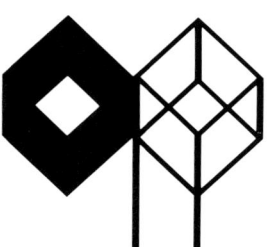

Verpackungsfirma (JPN)

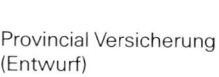

Provincial Versicherung (Entwurf)

Damit bleiben noch die beiden
geometrischen Formen des

Sechsecks und **Achtecks**,

welche jedoch meist nur als Formatbegrenzung eines Signets eingesetzt
werden, weil sie – wie **alle** hier
besprochenen grafischen Formen
durch ihre Symmetrie (es entstehen
bei senkrechter, waagrechter oder
diagonaler Teilung stets zwei wiederum
symmetrische Hälften) – besonders prägnant wirken. Dazu nochmals
einige Beispiele zur Veranschauli-
chung:

Erdöl-
gesell-
schaft
(JPN)

Polyplan
Plastic
Products
(USA)

Istituto Brasileiro
De Mercado De
Capitalis
(BRA)

Chase Manhattan Bank
(USA)

Handelskreditbank (ARG)

Während z. B. das Dreieck oder das Quadrat zweidimensional und die Pyramide bzw. der Würfel dreidimensional wahrgenommen werden, begegnen wir bei der »Zweideutigkeit räumlicher Konstruktionen« einem Phänomen der Bildwelt, welches nicht in Übereinstimmung mit der sinnlichen Wahrnehmung unserer Umwelt steht. Gerade dieser Widerspruch zwischen der Interpretation des Bildzeichens und der Wahrnehmung der Umwelt reizt offenbar Gestalter und Wahrnehmungspsychologen, Bildkonstrukte herzustellen und zu untersuchen, deren räumliche Wirkung von unvereinbarer Zweideutigkeit ist.« (Gerhard Braun: »Grundlagen der visuellen Kommunikation«, München 1987)

Mailänder Messe (Entwurf)

Auf Seite 27 unten rechts ist ein räumliches Dreieck abgebildet, welches zwar (zweidimensional) gezeichnet werden konnte, aber mit Sicherheit kein Innenarchitekt dieser Welt (dreidimensional) bauen kann.
Noch deutlicher treten diese optischen Täuschungen in den folgenden Beispielen zutage, die den Büchern »Ohne Bogen« und »Imposibilia« des venezolanischen Designers Gerd Leufert entnommen sind:

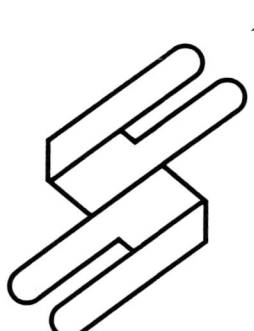

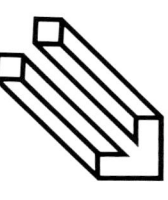

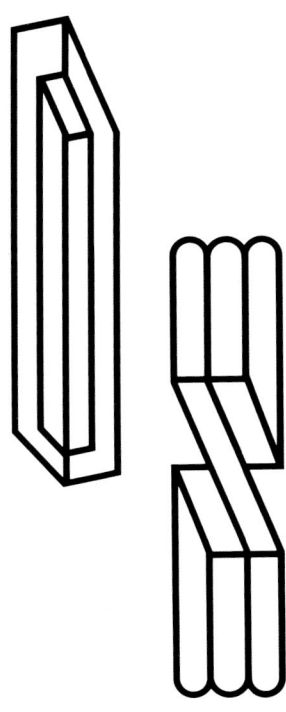

Die parallelperspektivisch angelegten »Signets« vermitteln uns eine Botschaft, welche mit unserer sinnlichen Rauminterpretation nicht übereinzustimmen vermag. Dieses »Kippbild«, wie es Gerhard Braun nennt, gibt es nur in unserer (abstrakten) Deutung, nicht in einem (konkreten) Gegenstand »zum Anfassen«.

Neben der »Form an sich« spielt das **Format** in der Signet-Gestaltung eine nicht unwesentliche Rolle: Ich spreche hier von der Umschluß- bzw. Umrißform – von der Linienumrandung oder Flächen-Unterlegung –, welche in vielen Fällen das entwickelte Zeichen erst zum fertigen, gebrauchstüchtigen Signet machen kann. Beispiele für die Kreis-, Drei- oder Vierecksform sind das VW-Zeichen (Seite 9), der Mercedes-Stern (Seite 13) und die Signets für »National Park Service«, »Turnverein« sowie »Bücherdienst« (alle Seite 18).

Wie Punkt, Linie und Fläche (Dreieck, Kreis, Quadrat) in einer quadratischen Umschlußform plaziert sein können, zeigt die folgende Abbildung:

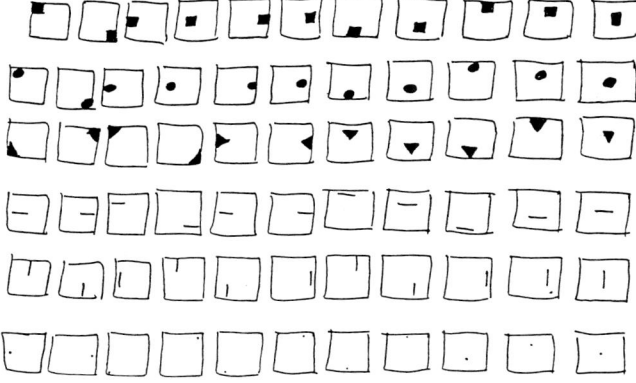

Wenn nun eine bestimmte Form (Kreis/Punkt, Raute, Quadrat) zu einer bestimmten **Formation** angeordnet wird – wie z. B. in nebenstehenden Abbildungen –, ergeben sich weitere Möglichkeiten der Signet-Erfindung. Ausschlaggebend ist bei diesen beiden texturalen Achtecken die Richtung der Anordnung: Während das obere durch den linearen Aufbau stabil und statisch erscheint, wirkt das untere durch den Versatz labil und dynamisch zugleich.

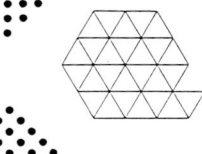

Darunter erscheint die Raute in fünf verschiedenen Formationen (von links nach rechts):
– die Kombination A mit V, zwei zusammenhängende X oder eine ganze und zwei halbe Rauten,
– ein Waffelmuster,
– die Spielkarte »Karo 9«,
– ein Scherengitter-(oder Jäger-)Zaun,
– die bayerische Flagge.

Auf der Seite gegenüber erscheint das Quadrat in zwei- und dreidimensionalen Formationen. Hier zeigen sich für den geschickten Signet-Entwerfer schon durchaus brauchbare Ansätze zu späteren Lösungen – z. B.
– Branche Fußbodenbelag (Würfelparkett, Fliesen),
– Branche Ofenbau (Kacheln),
– Branche Garten-/Straßenbau allgemein (Pflastersteine).
Fazit: Weil ein Signet immer auch eine **Information** darstellen muß, sprechen wir in der Signet-Gestaltung von einem ganzheitlichen System –

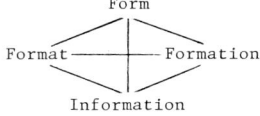

einem Komplex, bestehend aus den vier Komponenten:

– Form = objektive Bildaussage mit freier Assoziation,
– Format = Bestimmung des Raumes, auf dem das Signet steht (Umschluß/Rand bzw. Umrißform/ Basis-Fläche),
– Formation = Textur, Muster, Raster (wenn Grundform adaptiert wird),
– Information = subjektive Bildaussage – symbolisch für den Inhalt.

Erst der Zusammenhang macht die Form zur Information!

```
              Form
               |
Format ——————————————— Formation
               |
          Information
```

Außer den geometrischen Grundformen steht uns das Alphabet mit
seinen 26 (Groß- und Klein-)Buchstaben zur besonderen Disposition.
Bei der Gestaltung von Signets bietet sich jederzeit die Möglichkeit zur
Buchstabenmarke – der (oder die) Anfangsbuchstabe(n) des Namens,
der Firma oder des Produktnamens, den es zu entwerfen gilt.
Zur Anregung seien nachfolgend einige ausgewählte Beispiele mit
Inhalt bzw. Branche und Entstehungsland aufgeführt:

Kraftwerk (USA)

Übersetzungsbüro (CAN)

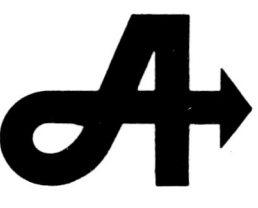

Straßenbaufirma (FIN)

Brown University Press

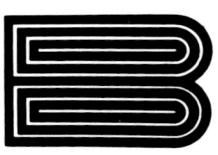

Grafik-Design-
Biennale Brno (ČSFR)

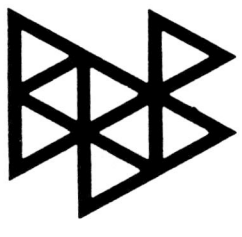

Druckerei (SWI)

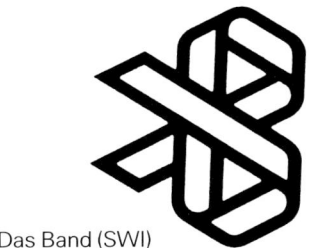

Das Band (SWI)

Zeitschrift

International
Communications Inc.
(JPN)

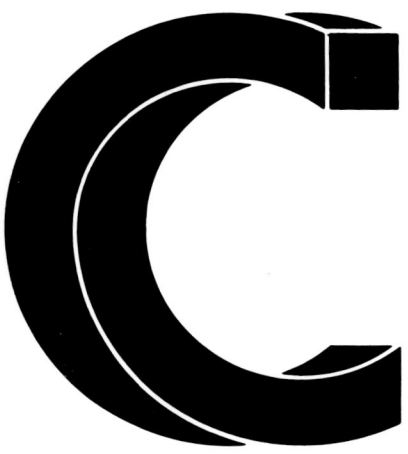

Chemometall (AUT)

Huvag-Handel AG (SWI)

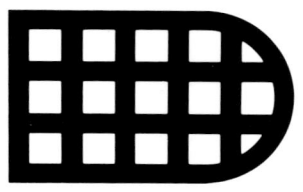

David Hicks Collection (USA)

Kunststudio (USA)

ECL Industries (USA)

Element (SWI)

Elektrowarenfabrik

Werbung

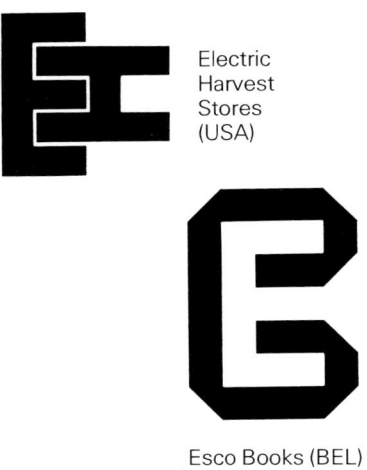

Electric
Harvest
Stores
(USA)

Verleger (BEL)

Esco Books (BEL)

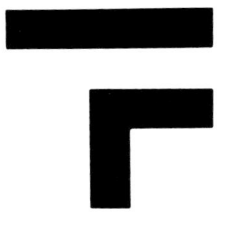

Industrie-Designer (FRA)

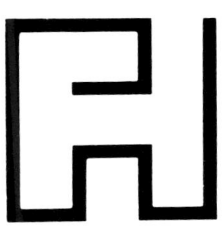

Buchhandlung (SWI)

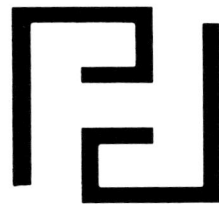

Rundfunkgesellschaft (SWI)

Schulbuchverlag (USA)

Farbenhersteller (FRA)

Makler (USA)

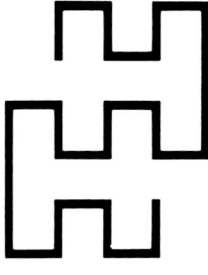

Buchverlag (GBR)

Thomas I. Hull
Insurance Ltd.
(CAN)

Appartementhäuser

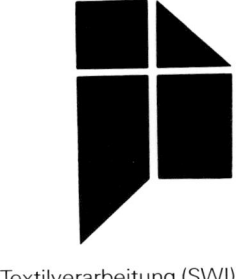

Textilverarbeitung (SWI)

Zementfabrik (SWI)

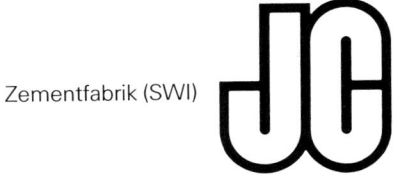

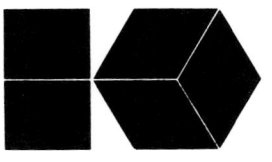

Industriefotografie (CAN)

Bekleidungsgeschäft (FIN)

Baugesellschaft

Design-Forschungsbüro

290 Verleger (USA)

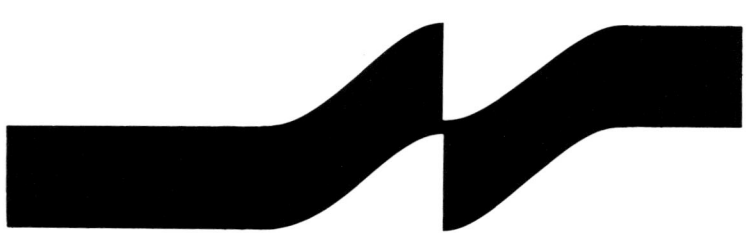

Fachgeschäft für Antennen
und elektrostatische
Geräte (GER)

Hersteller
von Zentral-
heizungen
(GBR)

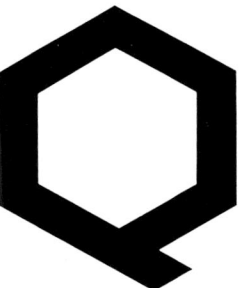

Quartz-Bearbeitung

Kunstfaser-Hersteller (USA)

Kunstmuseum (USA)

Schulmöbel (ITA)

Export (SPA)

Einkaufszentrum

Teppiche (CAN)

Fleischwaren (SWI)

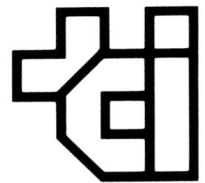

Fachschule

Papier-Hersteller
(JPN)

Schweizer
Fernsehen (SWI)

Klima- und
Heizungstechnik
(SWI)

Film Festival

Vereinigung Schweizerischer
Lebensversicherungs-
gesellschaften (SWI)

Juwelier (USA)

Werbeagentur

Verkehrsbetriebe

Zahntechnische Forschung

Designunternehmen

Ziegel-
hersteller
(SWI)

Radiogesellschaft (SWI)

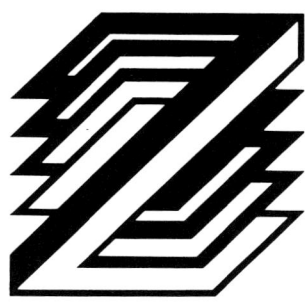

Herren-Konfektion

Hotel Zürich (SWI)

Durch Weglassen, Ergänzen und/oder Umzeichnen von bestimmten
Buchstaben-Details ergaben sich prägnante und sehr eigenständige
Formen.

Kapitel drei

Der Weg

Wie kann das Signet
»zu Papier gebracht werden«?

Zwei Dinge braucht der Signet-
Gestalter dazu:
— eine Idee (auf welchem »Boden«
sie wachsen kann – darüber
berichte ich auf den folgenden
Seiten),
— technische Hilfsmittel (viel Papier
und Stifte, Filzer, Marker, Zirkel,
Ziehfeder, Tusche, dünner Foto-
karton, Lineal, Winkel, Schneide-
messer und Schere, evtl. Schreib-
maschine, Montagekleber, Büro-
klammern…).

Neben dem Handwerk ist jedoch das
»Kopfwerk« unentbehrlich. Was bedeutet das?
Ich möchte es anhand eines Beispiels
demonstrieren:
— Zeichen für den »Naturpark Augsburg Westliche Wälder e. V.«
Bei seiner Entwicklung wurden zuerst
seine Inhalte gesammelt, ausgewählt, geordnet und nach Verwen-
dungsfähigkeit klassifiziert. Diese sogenannte »Stoffsammlung« gliederte
sich dann in Bereiche, Gebiete,
Gruppen und Untergruppen bzw. in
Oberbegriffe und Begriffe. Die Untergruppen wurden – unabhängig von
der Eignung – wieder in einzelne
Begriffe unterteilt. Es folgte der
Versuch, das im Signet darzustellen-
de Thema an irgendeiner Stelle in die
»Hierarchie« einzugliedern. Dies geschah durch gezielte offene Fragen
(z. B. Was?, Wie?, Wo?, Wann?
usw.).
Durch diese Such-Technik wird verhindert, daß, wer Stichwörter
planlos zusammenträgt und sie daraufhin in eine Ordnung bringt, dann
zwangsläufig wichtige Begriffe durch mangelhafte Kontrolle unberück-
sichtigt läßt.
Die anschließende Auswahl der für die Ideenfindung gebrauchstüchtigen Begriffe aus der Stoffsammlung geschah nach bestimmten
Kriterien, nämlich
— Charakteristik, Symptomatik, Originalität.

Die formale Gestaltung des Signets
hängt nun davon ab, wie der
auszuwählende bzw. ausgewählte
Begriff grafisch umzusetzen ist. Oder
anders ausgedrückt: Ein gegenständ-
licher oder – was natürlich häufiger
vorkommt – gegenstandsloser Begriff aus der Stoffsammlung erfüllt
(scheinbar) alle Voraussetzungen. Er
steht repräsentativ für ein Objekt –
hier: Naturpark – und ist charakteri-
stisch für den Auftraggeber – hier:
Naturpark-Verein –, darüber hinaus
auch noch originell durch seine
optische Prägnanz und aparte Anmutung. Dieser Begriff würde sich aber
nur schlecht verarbeiten, d. h. formal
nicht einwandfrei darstellen lassen.
Damit wäre er für den Gestalter als
Bildidee so gut wie wertlos geworden, weil er den sprachlichen Begriff
nicht in eine bildliche Mitteilung
umsetzen kann.

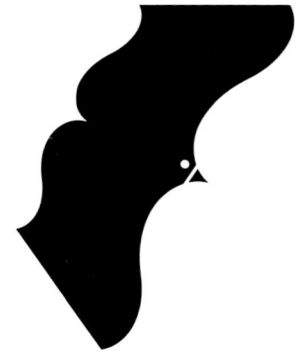

Für das Naturpark-Zeichen, welches
auf entsprechenden Einrichtungen
wie
– Schau- und Übersichtstafeln,
– Schilder für Wege, Lehrpfade,
– Drucksachen (Wanderkarte, Pro-
  spekte, Broschüren, Briefschaft)
etc.
Verwendung finden sollte, ist unter
Berücksichtigung obiger Proble-
matik folgende hierarchische Stoffsammlung erarbeitet worden:

Bereiche:	Ausdehnung	naturräumliche Gliederung	Klima	Wald-verhältnisse
Gebiete:		– schwäbische Landschaft		– Mischwald
Gruppen:	– geografische Umriß-form	– Wellen, Horizont		– Nadelbaum – Laubbaum
			– Sonne – Wolken	
Unter-gruppen:	– Wegenetz	– Hügel – Bach		– Fichte, Eiche, Buche

Dieses zusammengetragene und aufgelistete Material – dessen Suche mittels der Bereichsbegriffe wesentlich begünstigt wurde – bildete einen wichtigen Fundus zur Erstellung eines »Ideenfindungsorganisationssystems« in Form eines Kastens. Dieser Kasten aus Systemteilen funktioniert wie folgt:

– Zerlegung des Komplexes »Naturpark im allgemeinen und Westliche Wälder von Augsburg im besonderen« in seine Teile (Bereiche, Gebiete, Gruppen, Untergruppen),
– Einordnung der Teile in eine Vorspalte (senkrechter Parameter),
– Suche durch Antworten auf Was-/Wie-/Wo-/Wann-Fragen (waagrechter Parameter),
– Bewertung und Auswahl von Lösungsansätzen bzw. (Neu-)Kombination von verschiedenartigen Begriffen.

Durch die Möglichkeit der bewußten Zerlegung, Zerkleinerung des Komplexes in seine Einzelteile ergibt sich eine übersichtliche, strukturierte Gliederung, welche wesentlich besser als in der (unreflektierten) Pauschalisierung eine (reflektierte) Prüfung des jeweiligen Begriffes auf seine inhaltliche Relevanz zuläßt:
Auf einem (vorbereiteten) Skizzenbogen werden die so ausgewählten

Tierwelt	Pflanzenwelt	Kulturdenkmäler	Wege	Freizeiteinrichtungen
		– z. B. Kirchen		– Trimm-Pfade, Baden
	– Strauch			– Wassertreten
– Vögel	– Pilze			– Wandern
– Wild	– Blumen	– Zwiebelturm		– Minigolf
– Igel	– Beeren	– Feldkreuz		
– Fisch	– Blätter	– Erdwall	– Lehrpfade	
– Eichhorn				
– Schmetterling				– Wanderhut
– Sing-, Greif-, Eulenvogel				– Wanderstock

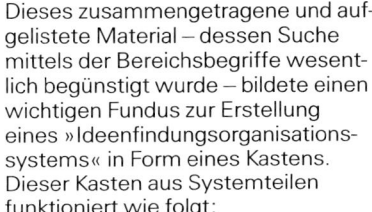

Begriffe in zeichenhafte Formen umgesetzt, dabei aber pro Komplex-Teil möglichst viele Ansatz-Alternativen gesucht. Hier kommt es besonders darauf an, daß der Gestalter seine zunächst sprachlich formulierten Gedanken spontan in »visuelle Zeichen« überträgt. Vor allem in dieser, oft entscheidenden, Phase des Gestaltungsprozesses muß er sein bildliches Vorstellungsvermögen organisieren, um quasi »mit dem Zeichenstift zu denken« ... Dabei stimulieren die fixierten Gedanken immer mehr zu neuen »Bildstenogrammen«. Problematisch könnte nur die bildliche Verknüpfung der waagrechten Parameter werden, welche hinsichtlich der Aufgabenstellung abgecheckt und ausgewählt wurden. Wie bei allen Ideenfindungsprozessen wird der Gestalter jedoch so vorgehen, daß er möglichst viele Begriffskombinationen erst einmal durchspielt, **ehe** er sich für oder gegen die jeweilige Gebrauchstüchtigkeit entscheidet. Als Lösungsansätze kommen allerdings nur (Neu-)Kombinationen in Frage, welche ein bzw. mehrere der verwendeten »visuellen« Gestaltungselemente enthalten. So kann man auf jeden Fall sicher sein, daß bei den Lösungskombinationen der inhaltliche Aspekt zum Gestaltungsproblem gewahrt bleibt. Abgesehen vom inhaltlichen Bezug hat das Signet auch eine formale, wie schon gesagt,
– format- und formations- (anordnungs-)bestimmte sowie
– farbgebundene Funktion.
Daraus können wiederum Parameter-Einteilungen werden, die für die Signet-(Er-)Findung per Such-Kasten geeignet sind. Merke aber: Der inhaltlichen Funktion (Verständlichkeit, Leserlichkeit) ist stets der Vorzug vor der formalen (Originalität, Ästhetik) zu geben.

Parameter	
Buchstaben-marke	
Wortmarke	NATURPARK AUGSBUR WESTLICHI WALD
Bildmarke Wald	
Bildmarke Tiere	
Bildmarke Landschaft	
Verknüp-fungen/ Kombina-tionen	
Neu-kombina-tionen	

Lösungsalternativen für ein Signet
»Naturpark Augsburg Westliche Wälder«

Zur Verfügung stehende,
in der Praxis bereits existie-
rende Signets für
– Vogelfutterhersteller (links)
– Wohlfahrtsorganisation
  (Mitte)
– Papierhersteller (rechts)

Kapitel vier

Das Ziel

Was ist der Unterschied
zwischen einer Zeichnung
und einem Zeichen?

Die Umsetzung der Begriffe auf Seite 54/55 in zeichenhafte Formen bzw. die Kombination verschiedener Formen hat zu den Lösungsansätzen auf Seite 57 und den beiden linksstehenden geführt. – Wie läuft nun so etwas ab? Das aus der Stoffsammlung ausgewählte Stichwort, welches sich in sprachlich/inhaltlicher und bildlich/formaler Hinsicht für die Darstellung eignet, wird unter Verzicht auf alle nicht typisch/repräsentativen Elemente zur Basis für ein Signet gemacht. Der Gestalter reduziert die Bildteile so lange, bis ein Markenzeichen entstanden ist, welches der Betrachter

– einerseits genausogut wie eine naturalistische Darstellung verstehen,
– andererseits sich wesentlich besser einprägen kann als ein illustratives Bild.

Außerdem: Je einfacher solch ein Zeichen ist, desto vielseitiger ist es verwendbar und desto besser läßt es sich verkleinern. Generell müssen – im Unterschied zum Naturpark-Signet – bei der Gestaltung von werblichen Zeichen (Schutzmarken, Logos) die Faktoren Originalität, Prägnanz (Verzicht auf formal Unwesentliches) und Anmutung deshalb unbedingt beachtet werden, weil sonst die Profilierung gegenüber dem konkurrierenden Umfeld nicht gewährleistet ist. Ein öffentliches Zeichen (Einrichtung/Institution, Straßenverkehr, Gebäudeinformation etc.) muß nämlich keine kommerziell gebundenen Assoziationen hervorrufen, sondern in erster Linie informieren und aufklären. Es ist vielmehr die Beschränkung auf das formal Repräsentative, auf den »Punkt«, der das Auge auf das Wesentliche konzentriert, der ein Zeichen – ob Schutzmarke oder Piktogramm – verständlich macht. Die starke Vereinfachung – besser

gesagt: Reduktion – von Bildeindrük-
ken bewirkt hier (ähnlich wie das Fett-
gedruckte in einem Text), daß der An-
gesprochene das Zeichen beachtet.
Bei der umseitig abgebildeten Tasse
handelt es sich um ein Piktogramm
(Bildzeichen), bei dessen Deutung es
nicht darauf ankam, daß der Betrachter an
– Porzellan, Haushaltartikel (Form),
– maschinelles Dekor oder hand-
  bemalt (Farbe) oder
– Kaffee, Tee, Schokolade (Inhalt)
denkt. Diese Art Abbildung soll ihm,
möglichst innerhalb eines spezifischen Umfeldes,
– Cafeteria
signalisieren. Dabei hat sich der
Gestalter gerade noch auf das
Notwendigste bezogen, auf ein Mini-
mum an illustrativ-bildnerischer Information beschränkt. Hätte seine Aufgabe darin bestanden, die Atmosphä-
re einer gedeckten Kaffeetafel oder
mit der Tasse eine bestimmte
Stilrichtung zu zeigen, wäre er kaum
um eine Zeichnung, eine Illustration
oder ein gemaltes Bild (Stilleben)
herumgekommen.
Diese Abstraktions-Maßnahme ist bei
der Signetgestaltung ähnlich zwin-
gend. Viele der bereits abgebildeten
Schutzmarken sind wie die nebenstehenden Piktogramme auf einem
einheitlichen Raster-Netz aufgebaut,
welches das zur Verfügung stehende
Format linear aufteilt. Damit bekommt das entstehende Zeichen das
gewünscht signethafte, auf das
Wesentliche beschränkte Aussehen
– ohne jede Romantik, ohne Zierat,
unnötigen »formalen Ballast« –,
welches durch seine – bereits
mehrfach erwähnte – Prägnanz und
Merkfähigkeit ideal mit den (bedingt
abstrakten) Buchstaben von Brief-
blatt, -hülle oder Visitenkarte harmo-
niert.

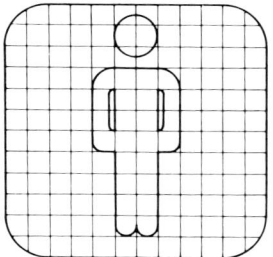

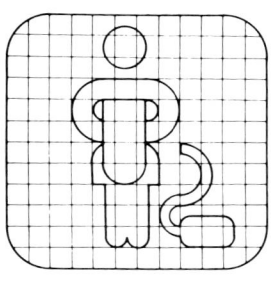

Aber auch wenn keine Rastereinteilung bei der Signetgestaltung zugrunde liegen muß, läßt sich das naturalistische Bild z. B. eines Bügeleisens mit etwas zeichnerischem Talent gut in eine abstrahierte Version übertragen. Dies kann am besten schrittweise geschehen: Zuerst wird das Bügeleisen fotografiert. Der Fotoabzug kann anschließend – je nach Kontrastwirkung – durch ein- oder mehrmaliges Kopieren (RankXerox) in eine sog. »Strichvorlage« oder »Hartkopie« gewandelt werden. Diese wird dann mehrmals auf einem Lichttisch – wenn dieser nicht vorhanden, genügt auch dazu eine (hinterleuchtete) Glasscheibe – auf Transparentpapier durchgepaust; dies jedoch immer unter dem Aspekt der Abstrahierung. Am Ende verbleibt dann – je nach Wunsch – nur noch eine mehr oder minder fette Kontur. Wie dieser Abstraktionsvorgang sich bei der Entwicklung einer Bildmarke (z. B. Tier, Pflanze oder Architektur) auszuwirken vermag, habe ich auf den folgenden Seiten zu veranschaulichen versucht. Dabei ist es vielleicht interessant zu wissen, daß es sich bei den Beispielen um die Arbeiten **verschiedener** Gestalter handelt. Auch diese Abbildungen können dem Leser wieder als optische Anregung dienen, wenn er auf der Suche nach einem ähnlichen Zeichen bzw. einem ähnlichen Bedeutungsinhalt ist.

Tierarzt-Zeichen (MEX)

Bauten im
Central Park (ITA)

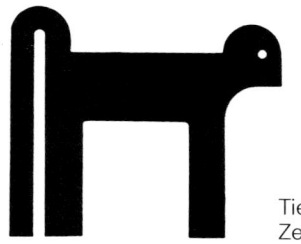

Tierarzt-
Zeichen (MEX)

Supermarkt (JPN)

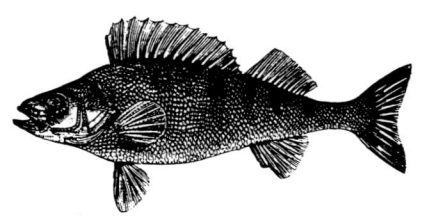

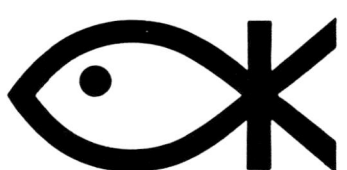

Hersteller von
Fischerzeugnissen

Showa Denko/
Entwurf (JPN)

VVB Binnenfischerei (DDR)

Krefina Bank (SWI)

Papierhersteller (BUL)

Architekten- und
Landschaftsgestalter (GBR)

Umweltschutz (GER)

Forstindustrien

Teestube (JPN)

Schloß Wolfenbüttel/Kreis- und
Heimatmuseum (GER)

Baugesellschaft (USA)

Kölner Messe
(GER)

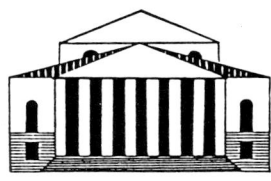

Münchner Opernfestspiele/
Entwürfe (GER)

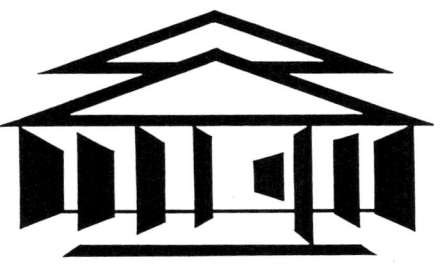

Münchner Opernfestspiele/
Entwurf (GER)

Universitätsberufs-
beratung (USA)

Hochbaufirma (DDR)

Zusammenfassend ist festzustellen, daß die Abstraktion, welche ein
Signet prinzipiell von einer Illustration unterscheidet, bei einem
— Weniger an (überflüssigen) Details auch gleichzeitig ein
— Mehr an (notwendiger) Signifikanz ermöglicht.

Das läßt sich sehr schön an nebenstehendem Beispiel eines Porträts
nachvollziehen, welches Schritt für
Schritt bis zur völligen Abstraktion
vereinfacht wurde:

Spätestens nach dem siebten Bild
verliert das Gesicht an Ausdruck. Vor
allem die beiden kleinen Dreiecke in
der Augenpartie vermißt man in Bild 8
– dadurch entsteht eine holzschnitt-
artige Anmutung mit groben, »krachi-
gen« Zügen. Während sich Bild 9 von
Bild 8 wenig unterscheidet, kippt
Bild 10 vollends ins Unpersönliche
um. Der Begriff »Porträt« ist hier
überhaupt nicht mehr zutreffend.
Trotzdem tut sich hier ein Phänomen
auf; wer zwei Arrangements beachtet, kann auch hier »Kopf und
Kragen« erkennen:
– Bild 1–9 muß in unmittelbarer
  Betrachtungsnachbarschaft stehen,
– bei leicht zugekniffenen Augen des
  Betrachters wird Bild 10 sogar ohne
  die vorgeschalteten Sequenzen er-
  kennbar.

Trotz dieser – zumindest ab Bild 8 –
problematischen Umsetzung eines
fotografischen Porträts in eine signethafte Darstellung wird die Abstraktion
nicht grundsätzlich in Frage gestellt.
Gerade bei diesem Beispiel dürfte es
sich um die heikelste zeichenhafte
Verkleinerung handeln: Wie schwer

10

läßt sich ein Gesicht zeichnen oder
partiell verändern – jeder Porträt-
Restaurateur hat dies immer wieder
erfahren. Handelt es sich jedoch um
ein Gerät (z. B. unser Bügeleisen),
Architektur, eine Pflanze, ein Tier (wie
vorher gezeigt) oder um die menschliche Figur, kann die Abstrahierung
sehr viel weiter geführt werden als
bei einem (romantischen) Antlitz,
welches auch wirklich keiner Umsetzung in ein grafisches Zeichen
bedarf.

Die menschliche Figur ist Thema des nächsten Beispiels. Es ging um einen Wettbewerb, den Deutschlands auflagenstärkste Zeitschrift, »ADAC motorwelt«, ausgeschrieben hatte. Dem Aufruf »Laßt die Kinder springen« hätte der Leser dieses Buches nach dessen Lektüre genausogut (oder gerade deswegen noch besser ...) folgen können, als es darum ging, »ein Verkehrsschild mitzugestalten und dadurch Unfälle vermeiden zu helfen«. In der Ausschreibung stand u. a. zu lesen: »Jeder kennt sie, die beiden Kinder: Hand in Hand stehen sie – rot umrandet – zu Tausenden am Straßenrand. Vor Kindergärten, Spielplätzen und Schulen sollen sie Autofahrer warnen: ›Achtung, Kinder!‹ – Doch die braven Kleinen warnen umsonst. Kaum ein Autofahrer schenkt den Blechschildern noch Beachtung. Kein Wunder – die betuliche Abbildung signalisiert alles andere als Gefahr. Das Kinderpaar gleicht eher ›Hänsel und Gretel‹ beim Waldspaziergang. – Die Wirklichkeit sieht leider völlig anders aus: Da rennen die Kinder urplötzlich los, ohne nach rechts und links zu schauen, da lassen sie sich von Spielkameraden ablenken, da sind sie ständig in Eile – kurz, sie sind völlig unberechenbar. Für Psychologen ist deshalb klar, daß die Autofahrer das unrealistische Schild links liegen lassen. – Geht es Ihnen auch so? Daß Sie kaum noch bewußt auf das offizielle Kinder-Schild reagieren? ›Dann‹, so ADAC-Verkehrsingenieur Thomas Hessling, ›ist es 5 vor 12: Schon morgen kann Ihnen ein Kind vors Auto rennen, und Sie waren nicht darauf vorbereitet.‹ Genau davor möchte Sie der ADAC bewahren: Ein neues Schild muß her! Eines, das dem Autofahrer die besondere Gefährdung von Kindern stärker verdeut-

Schlecht: In der Bundesrepublik wirken die beiden Kinder wie auf dem Schild festgenagelt.

Besser: In Spanien wird gerannt. Die beiden Kleinen vermitteln die Gefahr recht deutlich.

licht. Und wer könnte so ein Schild treffender mitgestalten als die Verkehrsteilnehmer selbst? Aus den Tausenden von Zuschriften mit Verbesserungsvorschlägen, die den ADAC erreichen, wissen wir: Gerade unter den ADAC-Mitgliedern ist das Interesse an Verkehrssicherheit besonders groß. – Machen Sie also mit bei einer bisher einmaligen Aktion: Die ADAC-Mitglieder gestalten ein neues Kinder-Schild! Aufgerufen sind sowohl Profis als auch Hobby-Künstler. Für beide gilt:

– Die Darstellung des Kindes (oder der Kinder) soll möglichst viel von seinem (ihrem) typischen Bewegungsdrang widerspiegeln.

– Das Schild ist für den fließenden Verkehr gedacht, also keine winzigen Details!

(Meine Meinung dazu: Eine mit der Anforderung an ein Zeichen völlig konform gehende Bitte: Hier **muß** abstrahiert werden!)

– Sie wollen dem Schild eine ganz andere, auffällige Form geben? Bitte, der Kreativität sind keine Grenzen gesetzt.«

(Meine Meinung dazu: Eine mit der Funktion des Signets harmonierende Aufforderung: Da **muß** Originalität mit im Spiel sein!)

Drei Monate später stand das Ergebnis des Wettbewerbs fest: »Ein Sieg für Kinder« – der Aktion war Erfolg beschieden. Hier wieder einige Auszüge aus der »ADAC motorwelt«: »Es war genau 14.53 Uhr, als der Computer das Ergebnis ausspuckte: Sieger der ADAC-Aktion ›Mehr Sicherheit für Kinder‹ ist Gilbert Peckels, Grafiker aus dem schwäbischen Backnang und Vater von zwei Töchtern. Sein dynamischer Entwurf erregte unter allen 4000 Einsendungen die größe Aufmerksamkeit:

– Die Figuren sprengen den roten Schilderrahmen, stürmen hervor, den Blick nur auf den Ball gerichtet. Zusammen mit der auffallenden, gelben Warnfarbe signalisiert Peckels' Schild dem Autofahrer eindringlich: ›Kinder! Höchste Gefahr!‹

Der siegreiche Grafiker, der drei Wochen über seiner Idee gebrütet hat: ›Das alte Schild geht doch im Schilderwald völlig unter. Mein Entwurf hebt sich durch sein weißes Umfeld viel besser vom Hintergrund ab.‹«

(Meine Meinung dazu: Eine mit der Gebrauchstüchtigkeit eines Zeichens zusammenhängende, wichtige Bedingung!)

Kapitel fünf

Die Lösung

Was denkt sich

der Betrachter

bei »unserem« Signet?

Signet-skizzen

Vignette

Wer das Ziel nicht kennt, kann den Weg nicht finden. Wer bei einem (Gestaltungs-) Problem jedoch die richtige (Denk-)Richtung einschlägt, kann es lösen. Die Beantwortung der Fragen

— **Was** soll das zu gestaltende Signet ausdrücken?
— **Welches** grafische Material kann eingesetzt werden?
— **Wie** muß abstrahiert werden?
— **Wo** könnten Mißverständnisse auftauchen?

und das entsprechende Handeln führen mit Sicherheit zu einem brauchbaren Ergebnis, welches — orientiert an der formalen Qualität der abgebildeten Beispiele — auch ästhetischen Ansprüchen genügen kann. Wer darüber hinaus noch zeichnerisches Talent besitzt, wird bald sogar Spaß daran finden, weil sich zwischendurch immer wieder kleine Erfolgserlebnisse einstellen. —
Zwei Beispiele mögen dies veranschaulichen:

— Ein Gartenarchitekt sucht für seine Geschäftsdrucksachen ein Signet. Er kann dabei grundsätzlich zwischen zwei Möglichkeiten wählen:
1. Eine (abstrahierte) Bildmarke aus Laubbaum, Blättern und Blattrippen.
2. Eine Vignette aus gerundeten Flächen, senkrechten und waagerechten Linien/ Schraffuren und gebuchteten Wellen.
Über mehrere Ideenskizzen gelangt der Gestalter schließlich zu einer Ideensammlung, aus der er dann seinen Favoriten auswählt und einen »Prototyp« als Druckvorlage erstellt.
Vorteil der Vignette gegenüber der strengen Marke: Die Gefahr der Verwechslung mit anderen (ähnlich abstrahierten) Zeichen ist bei der Vignette deshalb geringer, weil vielfältiger gestaltet und dadurch deutlicher differenziert werden kann. In der Flut gegenstandsloser Zeichen kann sich heutzutage der Laie kaum mehr zurechtfinden. Die abstrakte Illustration der Vignetten-Form kann diesem Problem in vielen Fällen abhelfen.

— Ein Fisch-Händler sucht für sein Laden-
schild ein originelles Signet. Die inhaltliche
Stoffsammlung kulminiert in einer (Neu-)
Kombination — siehe dazu nochmals auf
Seite 57 — aus Fisch und Bär. Zwei
Aspekte sprechen für diese Idee:
1. Das Zeichen für »Fisch« ist schon des
öfteren z. B. für Aquarium-Artikel, den
Namen Fischer, Fischerei-Zubehör, als
Tierkreiszeichen oder eben für Fischmarkt
verwendet worden — ist also nichts Neues,
jedermann kennt es. Im Zusammenhang
mit einem Säugetier — nämlich einem Bär
als »Fischfänger« — ist der Fisch noch nicht
aufgetaucht; der Bär im Zusammenhang
mit einem Fisch auch weniger als z. B. als
Wappentier (Berlin, Bern) einer Schuhfa-
brik oder des Artenschutzes (World
Wildlife Fund).
Wenn zwei Zeichen, von denen beide
jeweils eine eigene Bedeutung haben, zu
einer neuen (dritten) Bedeutung zusam-
mengeführt werden, spricht man von
einem sog. »Superzeichen«. Dieses Multi-
zeichen kann auch aus mehreren »Mono-
Zeichen« zusammengesetzt sein.
2. In der Neukombination dürfen die Teile
— hier Bär und Fisch — sogar (u. U.
auffällige) Ähnlichkeiten mit bereits beste-
henden Signets aufweisen, ohne daß hier
von Plagiat(en) gesprochen werden kann.
Wer bekannte, aber bisher noch nicht
miteinander verknüpfte Denk- oder Zei-
chenelemente zu neuen Handlungs- bzw.
Bedeutungselementen umstrukturiert,
d. h. neue Beziehungen herstellt oder
völlig andere Verbindungen schafft, be-
geht keinen »geistigen Diebstahl«.
Die nebenstehende Lösung bedingte
zeichnerische Vorarbeiten, welche z. B. im
Zoo getätigt werden können: Bär ist nicht
gleich Bär — hier kommt es auf die typische
Kopf-/Augen-/Nasenform an. Wer gut
beobachten kann, ist dann auch in der
Lage, entsprechend typische Details in
sein Signet einzubauen.

Wer Signets gestaltet, sollte auch fähig
sein, sie zu verstehen, d. h. sich in die
Situation des Betrachters zu versetzen.
Letztendlich sind wir ja alle – auch die
Gestalter – Konsumenten, welche in der
tagtäglichen Kommunikation auf die
(richtige) Deutung von Zeichen ange-
wiesen sind.

Eine Firmenmarke z. B.
– steht nicht nur stellvertretend für ihren
  Inhalt, sie
– wird, ehe man sich um ihre Gestaltung
  kümmert, in der Regel in Auftrag
  gegeben,
– wird beurteilt und bewertet, ehe sie für
  ihren Zweck eingesetzt werden kann.

Betrachter im weiter gefaßten Sinn sind
also zunächst einmal der Auftraggeber
selbst und – wenn es sich um einen
eigens dafür ausgeschriebenen Signet-
Wettbewerb handelt – ggf. die Juroren;
vielleicht sogar noch ein unabhängiges
Test-Institut (darauf komme ich später
noch zu sprechen).
Neben der unzureichenden Verständlichkeit und der mangelnden (dilettanti-
schen) Formqualität zeigt sich häufig ein
weit schlimmeres Problem: Mißver-
ständnis, Fehlinterpretation, falsche Deutung. Wer davor bewahrt werden will,
sollte sich den folgenden Passus besonders aufmerksam durchlesen:
Das Signet hat einen ganzen Aufgaben-
komplex zu lösen. Es soll das Dargestell-
te (Institution, Hersteller/Produkt, Dienst-
leistungsunternehmen) »unvergeßlich«
machen und beim Betrachter/Konsumen-
ten Gedanken wecken, die ihm in einer
vergleichbaren Situation wieder einfallen
bzw. mit einem zusätzlichen Gestal-
tungselement (Schrift, Stimulans Farbe)
ergänzbar sind. Je häufiger das Signet
nun in einer bestimmten Situation
wiederkehrt, desto nachdrücklicher prä-
gen sich die damit verbundenen Assozia-
tionen ein. Die Kunst des Designers
zeigt sich besonders in der Prägnanz der

Playboy Magazine
(USA)

Air Canada (CAN)

Rehabilitation
International (DEN)

Signetgestaltung, welche erst das Signet leicht erinnerlich macht. Dazu wieder ein Beispiel: Wer am Strand eine sog. Maler-muschel findet, denkt wahrscheinlich einen kurzen Moment lang an das Signet von SHELL – dies trotz der völlig anderen Umgebung. Was vom bekannten Signet fehlt, liefert das im Gehirn Gespeicherte automatisch mit: die Farben Gelb und Rot. Die Assoziation stellt sich deshalb so prompt ein, weil wir das komplette Signet schon so oft gesehen und im Langzeitgedächtnis registriert haben; dies sogar so unauslöschbar, daß dem auch die inzwischen erfolgte Modifikation nichts oder nur wenig anhaben konnte.

Beim SHELL-Zeichen haben wir es mit einer Bildmarke zu tun, welche weder eindeutig positive noch klar negative Assoziationen mit dem Unternehmen bzw. seinen Produkten verknüpft. Wenngleich es Originalität auch im negativen Sinne gibt, darf ein Signet niemals nachteilige Gedankenverbindungen aufkom-men lassen. Umgekehrt wirkt ein Signet selbst dann nicht positiv, wenn seine Deutung zwar vorteilhaft ist, seine grafische Form je-doch zu wünschen übrig läßt, weil z. B. Teile in einem unharmonischen Verhältnis zueinan-der stehen oder das Signet noch zu viel (un-nötigen) Zierat enthält.

Wer die Verständlichkeit und Wirksamkeit eines Zeichens überprüfen will, muß sich an nachstehendem Kriterien-Katalog orientieren, den ich als Jury-Mitglied schon des öfteren als Organisationspapier in die Arbeit eingebracht habe:

– Blickfang (Aufmerksamkeitswert)
  Das Signet muß sich von seiner Umgebung deutlich abheben.
– Aussage (Informationswert)
  Das Signet muß unmißverständlich sein, es muß eine Botschaft übermitteln.
– Originalität (Neuigkeitswert)
  Das Zeichen darf (in der Regel) nicht an andere, bereits bestehende Zeichen erinnern.
– Formqualität (ästhetischer Wert)
  Das Zeichen soll Zweck mit Schönheit verbinden und so prägnant sein, daß es sich einprägen läßt; es soll »abrufbar« sein.
– Anmutung (pragmatischer Wert)
  Das Zeichen muß sich im jeweiligen »Klima« bewegen, es muß spezifisch sein für Produkt, Produzent oder die jeweilige (Service-) Leistung.

Aufgabe des Gestalters ist es, anläßlich der Verarbeitung seiner Stoffsammlung diese fünf Aspekte — und zwar in dieser Reihenfolge — zu beachten.

Sollte ein neues Signet nicht alle diese Werte in sich vereinigen, kann es eigentlich nicht im Sinne des Auftraggebers funktionieren.

Demzufolge

— Kann ein Signet thematisch als stimmig gelten, grafisch gut umgesetzt und prägnant sein — aber der Blickfang fehlt; es fällt nicht auf, man sieht es überhaupt nicht.

— Wirkt das Signet bedeutungslos, wenn es sich von anderen nicht genügend unterscheiden kann, trotz guter Formqualität.

— Kann auch die Form unharmonisch oder mißglückt wirken, trotz klarer Aussage.

Wenn ein Signet also nicht »ankommt«, kann das trotz einwandfreier Gestaltung an der Verfehlung des Themas liegen — wie »Er + Sie« in nebenstehendem Beispiel: ein Zeichen für eine japanische Lebensversicherung, welches eher an ein Signet für eine Tanzschule denken läßt. Fehlassoziationen sind so ziemlich das Schlimmste, was ein Zeichen auslösen kann!

Wenn ein Signet im falschen Klima angesiedelt ist, kann es der Betrachter mit einer anderen Branche in Verbindung bringen: Eine Schutzmarke für eine Bank z. B. hat eine völlig andere Anmutung als ein Signet für eine Kosmetikfirma.

Kings
Lafayette
Bank
Brooklyn
(USA)

Welche Voraussetzungen sollte nun ein Signet erfüllen, um ästhetisch ansprechend zu wirken? Für die Beurteilung orientiert sich der engagierte Gestalter am besten an klassischen Regeln wie Symmetrie, Goldener Schnitt, optische Gegensätze, ausgewogenes Verhältnis von

Kosmetik
(ITA)

Spannung und Ruhe und harmonische
Gewichtung in der Raumaufteilung.
Wenn er dann aus dem selektierten
Material seiner Stoffsammlung und der
Fülle seiner Ideenskizzen die geeignete
Erscheinungsform bestimmen will, kann
er anhand der folgenden Auflistung die
Darstellungsart zur Themengruppe
wählen.

– ungegenständlich:
  Kreis, Halbkreis, Viertelkreis,
  Dreieck (Spitze nach oben oder unten),
  Quadrat, Raute, Sechseck, Achteck
  (diese Formen können – aus Gründen
  der Geschlossenheit – auch als
  Umrandung oder [Negativ-]Fond
  eingesetzt werden), Stern, Pfeil,
  Buchstabe, Wort/Logo,

– gegenständlich:
  Mensch, Tier, Pflanze, Gerät, Archi-
  tektur, Kombination untereinander
  (Superzeichen).

Jede Bildinformation – und dazu zählen
natürlich auch Zeichen und Signets –
bedeutet etwas. Aber nicht jedes erklä-
rende Bild bedeutet an jedem Ort,
zu jeder Zeit, für jeden Menschen
dasselbe.

Dazu wieder ein – diesmal besonders
hübsches – Beispiel:
– Im Elefantenhaus eines Tierparks wird
  auf den Schildern zwischen afrikanischen (große Ohren) und indischen
  (kleine Ohren) unterschieden.
– Für eine brasilianische Firma namens
  JUMBO POSTO ist der Elefant als
  Signet mit einem prägnanten
  weißen Ohr in Form eines Tropfens
  dargestellt.

– Als Zeichen für einen norwegischen
  Büromöbelhersteller symbolisiert der
  Elefant Standfestigkeit, Ausdauer und
  Verläßlichkeit.

– Eine italienische Schloß- und Schlüs-
  selfabrik bemühte ihn genauso für ihr
  Firmen-Signet wie die japanische
  »Party of Jiyu-Minshu-To«.

— Als politisches Emblem dient er den afrikanischen Staaten Laos, Guinea, Elfenbeinküste und der Zentralafrikanischen Republik genauso wie der Republikanischen Partei in den USA.

— Das Tierbild »Elefant« anstelle von Namen, die von (Kindergarten-) Kindern noch nicht gelesen werden können, erfüllt wiederum eine Funktion, welche sich von jeder der vorgenannten total unterscheidet.

Was denkt sich der Betrachter bei »unserem« Zeichen? Auf diese Frage möchte ich jetzt am Ende dieses Kapitels nochmals spezifisch eingehen:

Wie urteilt der Experte – der professionelle Gestalter, der Design-Lehrer oder der Fachjuror eines Signet-Wettbewerbs? Er spricht von Gebrauchs- und philosophischen »Werten«. Neben Blickfang, Inhalt und Originalität verbunden mit Ausdrucksstärke war vom ästhetischen Wert die Rede. Hinzu kommt der symptomatische Aspekt (Kultur-Wert), der objektive Wert an sich (Bedeutung) und der ethische Wert (Förderung von sozialen Wertvorstellungen).

Wie »bewertet« der Laie – der Mann von der Straße, der Zeichen-Konsument, die Test-Person (wenn es sie gibt)? Will man seine – möglichst unbeeinträchtigten – Reaktionen erfahren, muß man versuchen, diese in einem psychologischen Test auszuwerten. Mit einem solchen Verfahren läßt sich nämlich auch ein Signet optisch und wesensverwandtschaftlich untersuchen. Eine solche Analyse ist eine nicht unwesentliche Kontrolle für jene Auftraggeber, die viel Geld in ein neuzuschaffendes Signet z. B.

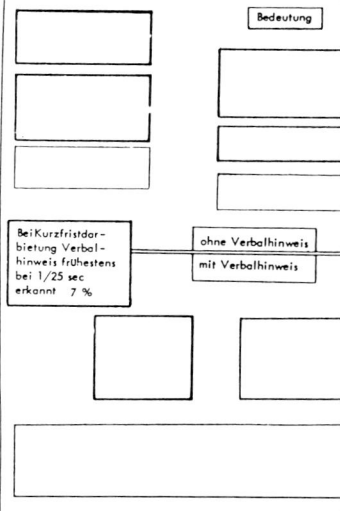

Bedeutung

Bei Kurzfristdarbietung Verbalhinweis frühestens bei 1/25 sec erkannt   7 %

ohne Verbalhinweis

mit Verbalhinweis

für eine Bank, eine Stadt oder eine Messe investieren müssen. Hierzu paßt ein Zitat einer »Arbeitsgruppe für psychologische Marktanalyse«: »Bei einer Analyse von ›Gütezeichen‹ geht es in erster Linie darum, Aspekte und Einstellungen des antendierten Empfängers (= potentielle Zielperson) darzustellen, seiner spezifischen Reaktionsweise nachzugehen, wobei nicht vergessen werden darf, daß es sich bei diesem Empfänger grundsätzlich um den naiven, grafisch keinesfalls vorgebildeten Laien handelt, der eben den Durchschnitt des Verbraucherkreises darstellt. Die Meinungen und persönlichen Standpunkte, die in die Stellungnahme gegenüber unterschiedlichen Reizvorlagen einfließen, die individuellen Bedeutungsfindungen, verstehen sich in jedem Fall als Reaktion einer ›unqualifizierten Mehrheit‹, die entsprechenden Befunde müssen also zwangsläufig nicht in Parallele zu Expertisen einer ›qualifizierten Minderheit‹ (z. B. Jury) stehen, die mit grafischer Kennerschaft an den jeweiligen Entwurf herantritt. Gleichzeitig ist zu bemerken, daß der — jetzt sowohl unter sachlichem wie auch laienhaftem Gesichtspunkt — ›grafisch schönste und gelungenste‹ Entwurf in der psychologischen Analyse keineswegs immer der ›beste‹ Entwurf unter Aspekten der psychologischen Marktanalyse darstellen muß: In dieser Untersuchung geht es nicht so sehr darum, den in seiner Gestaltung überzeugendsten Entwurf auszulesen, vielmehr fragt es sich im Hinblick auf jedes einzelne Zeichen, welche Wahrnehmungsprobleme gegeben sind, welche subjektiven Interpretationsmöglichkeiten für das einzelne Zeichen existieren, welche

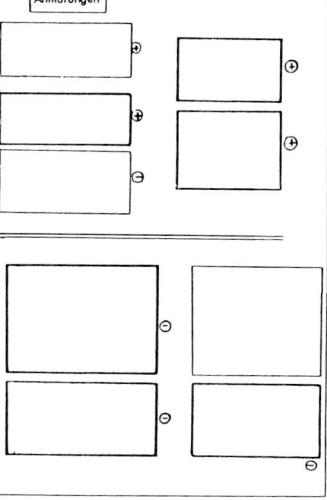

erlebnisfähige Affinität (= Wesensverwandtschaft) zum indizierten (= den Umständen angemessenen) Thema gegeben ist, welche Vertrauens- und Qualitätswerte kommuniziert werden können.«
In zwei Dimensionen wird hier also untersucht:
– optische Prägnanz (Verständlichkeit),
– Affinität (produktspezifisches Klima).
Der Prägnanz-Wert wird an der sog. Expositions-(Vorzeige-)Zeit gemessen. Das ist jenes »Tempo«, in welchem der Testperson das Signet (meist hell in einem dunklen Raum) vorgeführt wird. Es gibt Aufschluß darüber, wie schnell der Betrachter das Signet erkannt hat und beschreiben konnte. Dabei schwankt diese Zeit erfahrungsgemäß bei Zeichen mit hoher Prägnanz zwischen $\frac{1}{100}$ und $\frac{1}{5}$ Sekunde. Ein Zeichen, welches in $\frac{1}{100}$ Sekunde erkannt und dann nach Inhalt und Form beschrieben werden kann, hat einen höheren Prägnanzwert als ein Zeichen, welches eine Expositionszeit von $\frac{1}{5}$ Sekunde braucht.
Die Gedanken, die der Betrachter mit einem bestimmten Signet verbindet, nennt man die Wesensverwandtschaft (Fachwort: Affinität) eines Signets. Eine Schutzmarke zum Beispiel sollte die optimale Affinität zu ihrem Produkt oder ihrer Dienstleistung, das bzw. die sie vertritt, ausstrahlen.
Dazu wieder ein interessantes Beispiel: Der bundesdeutsche Fachverband für »Echt Silber«-Produkte hat – schon in den früheren siebziger Jahren – einen offenen Gestaltungswettbewerb zur Erlangung eines neuen Gütezeichens ausgeschrieben.
Aus Tausenden von eingesandten Vorschlägen hat damals eine hochkarätige Jury aus Sach- und Fachpreisrichtern die Reihenfolge der Plätze 1–5 für die ausgelobte Preissumme festgelegt. Damit wollte sich allerdings der Ausschreiber noch nicht ganz zufriedengeben: Er beauftragte ein Testinstitut, um aus Gründen, wie sie oben genannt wurden, seine Nutzungsentscheidung zu überprüfen – also die Empfehlung der Jury anzunehmen oder zumindest nach gewonnenen Ergebnissen dahingehend zu verändern.
Ein Zeichen für »Echt Silber« muß Silber erkennen, wahrnehmen, »fühlen« lassen – auch ohne sprachlichen Hinweis. Daß natürlich bei einem Produkt Niveau und Attraktivität in viel höherem Maß assoziiert werden, wenn es wie hier mit einem Verbalhinweis kombiniert

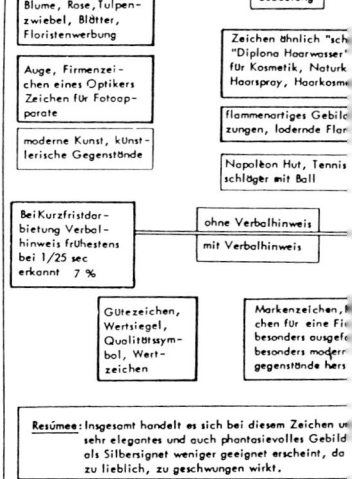

ist, versteht sich von selbst. Das Kriterium »optische Prägnanz« wird dabei allerdings nicht erfüllt. – Ein Befragungsblatt, wie das umseitig abgebildete (ohne Antworten) und das unten gezeigte (mit Antworten zu einem der preisgekrönten Signets), kann vielleicht am besten die Testmethoden der Werbepsychologen veranschaulichen.

Das Unterfangen hat sich gelohnt: Ziel dieser Befragungsinvestition war es wie gesagt, das Wettbewerbsergebnis von Laien (die ja außer den Sachpreisrichtern – vom Veranstalter ausgewählt und deshalb eher subjektiv – nie in einer derartigen Jury vertreten sind) nochmals überprüfen zu lassen und damit die souveräne Entscheidung der Jury je nach Testergebnis entsprechend zu korrigieren. Beim abgebildeten Signet gab es dann auch die Überraschung: Als »Erster Preis« der Jury fiel es auf den dritten Platz zurück – und der »Fünfte Preis« wurde Test-Sieger.

Was denkt sich der Betrachter bei »unserem« Signet? Wenn man ihn entsprechend befragt, antwortet er schon. Nur, diesen Test kann sich nicht jeder Auftraggeber leisten – vor allem dann nicht, wenn dieser auch zugleich der Auftragnehmer eines neuen Signets ist. Tatsache ist, daß aus Gründen der Scheu, er könne sich laienhaft äußern, keiner der angesprochenen Betrachter unseres Signets sich freiwillig dazu äußert – schon gar nicht in negativer Weise. Deshalb müssen wir uns von unserer – subjektiven – Macherrolle freimachen und uns hin und wieder während der Gestaltungsarbeit in die Betrachtungsperspektive des »Mannes von der Straße« versetzen. Wenn wir dies tun, bleiben wir vor »unliebsamen Überraschungen« bewahrt.

Echt Silber

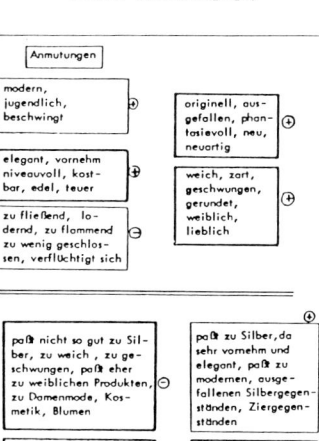

Kapitel sechs

Checkliste

Was müssen wir
bei der Signet-Gestaltung
alles beachten?

30 Punkte, auf die es ankommt, zum »Abhaken«:

1. Zuerst muß ich mir über meine Rolle im klaren sein: Bin ich Auftraggeber, Auftragnehmer oder sowohl als auch, wenn es um die Neu- oder Umgestaltung eines Signets geht? Konsument/ Betrachter von Signets anderer bin ich auf jeden Fall.
2. Nach der Lektüre dieses Buches sollte ich in der Lage sein, in vier bis fünf Sätzen meinem Auftraggeber oder mir selbst oder einem Dritten gegenüber zu erklären, was man unter dem Begriff »Zeichen« versteht, welche Arten es davon gibt, und warum sie gebraucht werden.

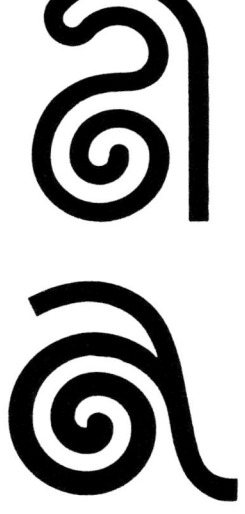

3. Die Form eines Signets ist immer inhaltsabhängig. Der Betrachter muß es nicht nur begreifen, er soll auch darauf (in unserem Sinne) reagieren.
Also: Inhalt + Form = Ausdruck.
4. Signets entwickeln nach einiger Zeit des Gebrauchs eine Identität zum Hersteller oder Dienstleister, den sie vertreten. Es darf dabei keine Diskrepanz entstehen: Ein gutes Signet für ein minderwertiges Produkt ist genauso schlecht wie ein dilettantisches Signet für ein gutes Produkt.
5. Signets müssen vor allem drei Bedingungen erfüllen. Sie müssen
   – wirksam und deshalb verständlich sein,
   – den Kontakt zum Gebraucher herstellen und
   – einen appellierenden Faktor enthalten.
6. Punkte, Linien und Flächen bilden neben den Buchstaben das grafische Material für die Gestaltung von Signets. Geometrische Formen wie Kreis, Halbkreis, Viertelkreis, Dreieck, Quadrat, Raute, Sechseck oder Achteck haben alle (geschichtlich gewachsenen) Symbolcharakter, welcher in die Signet-Gestaltung einfließen kann. Außerdem dienen diese Formen auch ggf. der formatbestimmenden Umrandung des Zeichens.

Obgleich es sich hier um zwei Signets aus demselben Land (JPN) – das untere für Tourismus-Werbung – handelt, kann man von keinem Plagiat sprechen: Es gibt mindestens drei Detail-Unterscheidungen.

7. Der Kommunikationsweg eines Signets läßt sich mit fünf Wörtern zusammenfassen: Von der Form zur Information. Vier Begriffe bilden einen Komplex, dessen Komponenten wiederum einer Wortwurzel entspringen: In »Information« steckt sowohl »Form« als auch »Format« und »Formation«. Zufall?

8. Drei Voraussetzungen, um ein Signet entstehen zu lassen:
   – eine Idee (wie sie sich finden läßt, kann mit diesem Buch organisiert werden),
   – technische Hilfsmittel (diese gibt's in jedem Zeichenbedarf),
   – handwerkliches Geschick (üben, üben, üben...).

9. Mit den Antworten auf entsprechende W-Fragen (Was?, Wie?, Wo?, Wann? usw.) kann eine hierarchische Stoffsammlung aufgelistet werden, welche Inhalte nennt, die verarbeitet werden müssen. Dabei ist die grafische Umsetzungsmöglichkeit Dreh- und Angelpunkt im Gestaltungsprozeß.

Signet für
medizinische
Laboratorien
(AUS)

10. Skizzenhafte Lösungsalternativen, welche in den Kästchen eines Schaubilds stehen, verschaffen einen Überblick über die Art des gewünschten Signets.

11. Neu-Kombinationen als Lösungsmöglichkeit ergeben sich durch die Verknüpfung mit Teilen bestehender Zeichen oder durch Modifikation bestehender Zeichen, welche dann mit einer neuen Bedeutung versehen werden. Merke: Etwas total »Neues« gibt es nicht mehr – (fast) alles ist bereits »belegt«. Deshalb lohnt es sich, einmal darüber nachzudenken, ob sich nicht etwas bereits Bestehendes in seine Einzelteile zerlegen und wieder »anders« zusammensetzen läßt...

12. Folgende Prioritäten müssen bei der Gestaltung eines Signets berücksichtigt werden, und zwar in dieser Reihenfolge:
    – Verständlichkeit (bei Bildmarken), Leserlichkeit (bei Schriftzügen/Logos),
    – Originalität,
    – Formqualität.

13. Ein Signet lebt von seiner – mehr oder minder starken – Stilisierung. Je abstrakter seine Inhalte (z. B. Dienstleistungen wie Zahlungsverkehr, Versicherungsschutz usw.), desto abstrahierter seine Form; je konkreter seine Bedeutung (z. B. für Handwerk oder Produktion), desto bildhafter seine Wirkung.

14. Ein Signet in der Werbung sieht sich einer weitaus größeren Konkurrenz ausgesetzt als ein Signet einer Institution. Deshalb muß es origineller (unvergeßlicher) und prägnanter (stilisierter) sein.

15. Zur Stilisierung kann auch beitragen, daß Teile des Signets – ähnlich der Gestaltung eines Piktogramm-Systems – auf einem Rasternetz aufgebaut sind. Durch rechte Winkel und 45°-Diagonalen fällt es auch leichter, »formalen Ballast« abzuwerfen.

16. Vorsicht: Die Vereinfachung charakteristischer Signet-Teile kann auch zu weit getrieben werden. Es darf die Verhältnismäßigkeit nicht außer acht gelassen werden: Ein Gesicht beispielsweise läßt sich weit schlechter abstrahieren als ein Gerät (Bügeleisen oder andere anorganische Dinge).

17. Nach den
    Was? (Inhalt)
    Welche? (Grafik)
    Wie? (Abstraktion)
    Wo? (Fehlinterpretation)
    Fragen muß grundsätzlich zwischen zwei Möglichkeiten entschieden werden: Will ich eine (stilisiertere) Marke oder eine (bildhaftere) Vignette gestalten?

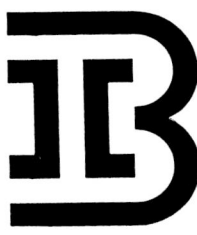

Banco d'Italia (USA)

Auch hier liegt der Verdacht nahe, daß es sich um ein Plagiat handeln könnte, aber viele – um nicht zu sagen die meisten – Felder sind eben schon »besetzt«.

18. Nach der Lektüre dieses Buches müßte ich auch in der Lage sein, jedes Signet (auch ein anderes, nicht von mir entworfenes) reflektiert objektiv beurteilen zu können. Es stehen mir folgende Bewertungskriterien zur Verfügung:

	sehr stark	stark	indifferent	schwach	sehr schwach
Blickfang	++	+	0	−	−−
Aussage	++	+	0	−	−−
Originalität	++	+	0	−	−−
Formqualität	++	+	0	−	−−
Anmutung	++	+	0	−	−−

Priorität haben Aussagekraft und Anmutung, d. h. wenn aufgrund von besserer Formqualität und/oder einem Plus an Originalität der Informationswert bzw. das produkt-/branchenbezogene »Klima« leiden sollte, so ist letzteren unbedingt der Vorzug zu geben – auch wenn dies wiederum zu Lasten der grafischen Kriterien gehen sollte.

19. Bei der Darstellungsart muß/soll/kann/darf neben der Frage »Marke oder Vignette?« auch die Frage »gegenständlich oder ungegenständlich?« abgeklärt werden: Ob Bildmarke oder grafisches Symbol – das kann entscheidend sein für die Vorstellungen des Auftraggebers.

20. In welcher (grafischen) Umgebung steht mein Signet? Dazu verweise ich nochmals auf Seite 79 ff. des Buches.

21. Könnte mein neu entworfenes Signet auch einem Test standhalten, welcher
    – Aussagekraft und Anmutungsqualität unter (repräsentativ ausgesuchten) Laien prüft?
    – die Expositionszeit (mit und ohne Verbalhinweis) mißt?

Merke: Wettbewerbs-Juroren trennen bei Tausenden von Einsendungen die »Spreu vom Weizen«.

Schneiderei (USA)

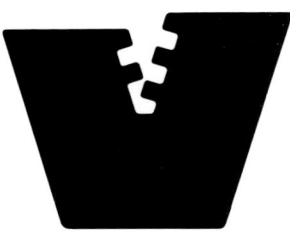

Vargas Zippers (USA)

Wenngleich sich diese beiden Signets schon fast unerträglich ähnlich sind – beide kommen auch aus demselben Land – ist der Tatbestand Plagiat nicht erfüllt, weil es sich neben formalen Unterschiedlichkeiten auch um unterschiedliche Branchen handelt.

Ein psychologisches Test-Verfahren im Anschluß daran kann diese Empfehlung dann in den »Ernstfall« versetzen.

22. Habe ich mich während meiner Gestaltungsarbeit schon ein- oder mehrmals in die Betrachtungsperspektive des Gebrauchers versetzt?

23. Ist mein neu entwickeltes Signet ein Zeichen oder (noch) eine Zeichnung? Ehrlich!?

24. Habe ich mich (genügend) mit dem zur Verfügung stehenden grafischen Material – geometrische Grundformen (sowohl als Symbol als auch als Umschlußform) und Buchstabenmarken – befaßt?

25. Ist mein Zeichen auch international verständlich, d. h. kann es auch von Menschen anderer Kulturräume verstanden werden?

26. Könnte mein Zeichen irgendein sittlich/moralisches, religiöses oder politisches Tabu verletzen?

27. Habe ich bei meinem neu konzipierten Signet auch an die »Bildungsneutralität« gedacht – kann es von Menschen unterschiedlichster Herkunft und Intelligenz verstanden werden?

28. Habe ich mich genügend informiert, welche Signets bereits im Umlauf sind? Das ist aus zweierlei Gründen wichtig:
    – Anregung für die Gestaltungsarbeit meines neuen Signets erhalte ich auch von anderen im Markt befindlichen Büchern.
    – Nur wenn ich weiß, welche Signet-Felder bereits kursieren und damit »belegt« sind, kann es mir weniger passieren, daß ich ein sogenanntes Plagiat (= geistiger Diebstahl) produziere.

29. Ist es mir gelungen, die in meinem Signet zu verarbeitenden Inhalte auf ein Kürzel zu reduzieren, welches wiederum in der Lage ist, beim Betrachter ein »Multi-Bild« zu erzeugen? (Analogie »Sanduhr«!)

30. Bin ich bei der Gestaltung nach Regeln vorgegangen, welche mit jenen der Grammatik der Sprache vergleichbar sind?

Hier ist wohl untereinander »profitiert« worden...

Werbeberater (SWI) Marketing (SWI) Schneider (SWI)

Abkürzungen

ARG	Argentinien
AUS	Australien
BEL	Belgien
BRA	Brasilien
BUL	Bulgarien
DEN	Dänemark
GER	Deutschland
DDR	ehemals Deutschland (Ost)
FIN	Finnland
FRA	Frankreich
GBR	Großbritannien
ITA	Italien
JPN	Japan
CAN	Kanada
MEX	Mexiko
AUT	Österreich
SWI	Schweiz
ČSFR	Tschechoslowakei
USA	USA

Quellen

Literatur für die im Buch vermittelte Anleitung:

Braun, Gerhard: **Grundlagen der visuellen Kommunikation.**
München 1987

Linneweh, Klaus: **Kreatives Denken.** Karlsruhe 1981

Urban, Dieter: **Zeichen und Signets.** München 1982

Urban, Dieter: **Zeichen und Signets 2.** München 1988

Designer der im Buch gezeigten Abbildungen:

Adachi, Sakyu
Adam, Peter
Aicher, Otl
Ash, Stuart
Badian, Joey
Barney, Gerald
Bartenschlager, Reinhold
Beltrán, Felix
Bird, Robert
Bisig, Hanspeter
Böhme, Eva
Bolliger, Peter
Bölling, Elisabeth
Brand, Paul
Brcic, Stipe
Bühlmann, Paul
Bulach, Peter
Burckhardt, Dominik L.
Burke, David L.
Cantiani, Roberto
Confalionieri, Giulio
Cozzi, Fernando
   Alvarez
Craw, Freeman
Cresci, Mario
Devide, Hrvoje
Dvorsak, Ivan
Erb, Eva-Maria
Esteban, Francis R.
Eurographic Studios
Fletcher, Alan

Forbes, F. Everett
Ford, Ron
Franco, Emilio Jesús
Freisager, Michael
Frimkess, Lou
Fronzoni, A.
Frutiger, Adrian
Gaglac, Jiri
Geismar, Tom
Geissbühler, Stephan
Geisser, Robert
Gelberg, I. Murry
Gerstner, Karl
Good, Peter
Gottschalk, Fritz
Graham, Diana
Grear, J. Malcolm
Grignani, Franco
Hamada, Arihiro
Hamburger, Jörg
Harahara, Dean
Harder, Rolf
Hartmann, Knut
Heuwinkel, Wolfgang
Hillmann, David
Hinchcliffe, Michael
Hollender, Jan
Honegger, Gottfried
Hosoya, Gan
Huguet, Eric
Hurter, Hans

Ibou, Paul
Ishida, Mitsou
Janis, Richard
Juett, Dennis
Kamekura, Yusaku
Kanai, Kazuo
Kantscheff, Stephan
Kapitzki, Herbert W.
Katsuoka, Shigeo
Kilkenny Design
Kramer, Müller,
   Lomden, Glassman
Kroefoed, Susanne
Kuhn, Oliver
Lämmle, Sigrid und Hans
Landmann, Walter
Lebowitz, Mo
Lee, Clarence
Lenclos, Jean Philippe
Lenz, Eugen
Lenz, Max
Leufert, Gerd
Ljubicic, Borislav
Long & Llewellyn
Loos, Adrian
López, Eduardo
Lubalin, Herb
Magalhaes, Aloisio
Mantwill, Peter
Manzen, Hiroshi
Maret, Wilfried
Maurel, Daniel
Mendell & Oberer
Miller, Michael
Miranda, Oswaldo
Murao, Shokji
Mykkanen, Martti
Naitoh, Manabu
Nakanishi, Mariko
Neuburg, Hans
Odermatt, Siegfried
Olyff, Michel
Paul, Arthur
Pech, Eiko

Peckels, Gilbert
Polowy, Jim
Prüget, Herbert
Rajlich, Jan
Riefenstahl, Peter
Roch, Ernst
Rosentswieg, Gerry
Roth, Randall R.
Roy, Jacques
Rudin, M.
Saaliste, Isabelle
Saavedra, Alfred
Saks, Arnold
Sampaio, Luiz Sergio Coelho de
Sandgren, Russel
Sanso, Piero
Sato, Yuij
Sauer, Walter
Schmid, Helmut
Schmitt-Siegel, Helmut
Schönhaus, Cioma
Schule für Gestaltung St. Gallen
Seltzer, Carl
Soos, Anita
Spencer, Herbert
Stadelmann, Kurt
Steinmüller, Eric
Sugaya, Sadao
Summerford, Jack
Taylor, Alan
Urban, Dieter
Urban, Tobias
Varis, Kyösti
Vivarelli, Carlo L.
Weller, Don
Wenger, Percy
Wermelinger, Willi
Whaite + Emery
Wilkinson, Ronald
Williams, Nancy
Wooward, Tom
Wunderlich, Gert
Wyss, Marcel
Yaneff, Chris

Register